Duden Abiturhilfen

Geschichte I

Von der Französischen Revolution
bis zur Grundlegung der bipolaren Welt (1918)

Duden Abiturhilfen

Deutsch

Aufsatz Deutsch

Erzählende Prosatexte analysieren

Dramentexte analysieren

Gedichte analysieren

Geschichte

Geschichte I
Von der Französischen Revolution bis zur Grundlegung der bipolaren Welt (1918)

Geschichte II
Von der Weimarer Republik bis zur Europäischen Union

Kunst

Kunstgeschichte I
Von den Anfängen bis zum 18. Jahrhundert

Kunstgeschichte II
19. und 20. Jahrhundert

Mathematik

Analysis I
Zahlenfolgen und reelle Funktionen

Analysis II
Differenzierbarkeit von Funktionen und Kurvendiskussion

Analysis III
Integralrechnung

Stochastik
Beschreibende Statistik und Wahrscheinlichkeitstheorie

Lineare Algebra und analytische Geometrie
Grundkurs

Lineare Algebra und analytische Geometrie I
Leistungskurs
Lineare Gleichungssysteme, Vektorräume, Geraden und Ebenen

Lineare Algebra und analytische Geometrie II
Leistungskurs
Kreis und Kugel,
Skalar- und Vektorprodukt,
affine Abbildungen

Biologie

Genetik

Nervensystem und Sinnesorgane

Stoffwechsel und Energieumsatz

Zellbiologie

Chemie

Allgemeine Chemie

Organische Chemie

Erdkunde

Entwicklungsländer

Industrie und Dienstleistungen

Weitere Bände sind in Vorbereitung

Duden Abiturhilfen

Geschichte I

Von der Französischen Revolution
bis zur Grundlegung der bipolaren Welt (1918)

von Harald Jaeger

2., völlig neu bearbeitete Auflage

11. bis 13. Klasse

Dudenverlag
Mannheim · Leipzig · Wien · Zürich

Bildquellenverzeichnis:
Archiv für Kunst und Geschichte, Berlin: S. 20, S. 41.
Weitere grafische Darstellungen:
Bibliographisches Institut & F. A. Brockhaus AG,
Mannheim

Die Deutsche Bibliothek – CIP-Einheitsaufnahme
Ein Titeldatensatz für diese Publikation
ist bei der Deutschen Bibliothek erhältlich.

Das Werk wurde in neuer Rechtschreibung verfasst.

Redaktion: Heike Krüger; UNGER-KUNZ, Lektorat &
Redaktionsbüro GbR, Undorf/Regensburg
Grafiken: UNGER-KUNZ, Lektorat & Redaktionsbüro GbR,
Undorf/Regensburg
Herstellung: Inge Ohrnberger
Satz: fotosatz voigt, Berlin
Umschlagkonzept: Bender & Büwendt, Berlin
Umschlagfoto: Ulf Dieter, Berlin
Druck: Druckhaus Langenscheidt KG, Berlin
Gedruckt auf Eural Super Recyclingpapier mattgestrichen
Bindearbeit: Schöneberger Buchbinderei, Berlin
Printed in Germany
ISBN 3-411-71122-1

Vorwort

Liebe Abiturientin, lieber Abiturient,

die vorliegende zweibändige »Duden-Abiturhilfe – Geschichte« unterstützt Sie bei der Wiederholung des Unterrichtsstoffes und bei der Vorbereitung auf die Abiturprüfung.

Das Abitur ist heute keine Prüfung mehr, bei der alles von den Klausuren abhängt. Der Unterricht des letzten Halbjahres, die verpflichtende mündliche Prüfung in einem der Grundfächer und gegebenenfalls in den Leistungsfächern fließen mit in die Bewertung ein. Dennoch ist die schriftliche Abiturprüfung die erste Prüfung, die von Ihnen die Beherrschung umfangreicher Themengebiete fordert.

Der erste allgemeine Teil dieses Bandes gibt einen Überblick über alles Wissenswerte im Zusammenhang mit der schriftlichen und mündlichen Abiturprüfung. Die Frage danach, was in der Prüfung »drankommen« kann, wird hier ebenso thematisiert wie die Grundformen der historischen Analyse. Das darauf folgende Kapitel über die Quelleninterpretation vermittelt konkret das Handwerkszeug des Historikers. Dabei werden die wichtigsten in der Schule verwendeten Quellenarten und die für sie geeigneten Interpretationsmethoden in Form einer Musterinterpretation vorgestellt.

Anschließend werden genaue Hinweise zu den inhaltlichen und methodischen Anforderungen gegeben, mit denen Sie in der Prüfung konfrontiert werden. Besonders ausführlich wird dabei auch auf die in den Klausuren verwendeten Fragetypen eingegangen. Ein Abschnitt mit praktischen Hinweisen zum Schreiben der Klausur erläutert Schritt für Schritt, wie Sie am besten vorgehen. Wenn Sie dann noch die allgemeinen Hinweise beachten, sind Sie auf die »große Aufgabe« bestens vorbereitet.

Die auf das Einführungskapitel folgende Darstellung einzelner geschichtlicher Themen muss sich auf die besonders häufig im Abitur geprüften Themen bzw. auf die wichtigsten Aspekte beschränken. In diesem Band finden Sie die Zeit der Französischen Revolution bis zur Entstehung der bipolaren Welt am Ende des Ersten Weltkriegs in neun Kapiteln vor. Das Ziel dieser Einheiten ist es, Ihnen das Wiederholen des Unterrichtsstoffes zu erleichtern. Dazu sollten die dargestellten Inhalte mit dem im Unterricht erworbenen Wissen verknüpft werden.

Vorwort

Integraler Bestandteil ist die jedem Thema angefügte Klausur. Sie hat zwar nicht immer den Umfang einer Abiturklausur, dient aber vor allem dazu, die methodischen Fähigkeiten und die Kunst der Quelleninterpretation zu schulen. Anhand der angefügten Lösungsvorschläge können Sie die Ergebnisse Ihrer Quellenanalyse überprüfen.

Wir würden uns freuen, wenn Ihnen die vorliegende zweibändige Abiturhilfe das sichere Gefühl einer guten Vorbereitung vermittelt und dazu beiträgt, dass Sie die Prüfung mit der nötigen Gelassenheit bestreiten. Dazu wünschen wir Ihnen viel Glück und Erfolg!

Mannheim, im Januar 2002 — Autor und Verlag

Inhaltsverzeichnis

Inhaltsverzeichnis

Geschichte als Abiturthema

I. Welcher Stoff ist prüfungsrelevant?

Der Unterrichtsstoff im Fach Geschichte beschränkt sich in der Schulpraxis auf die in den Lehrplänen festgelegten Themenbereiche. Gegenstand der Abiturprüfung sind demnach die in den Kursen 12/1 bis 13/2 behandelten Schwerpunkte. In den Bundesländern, in denen das Abitur nach dem 12. Schuljahr abgelegt wird, kann sich durchaus auch eine Änderung dieser Vorgaben ergeben. Die genauen Themenbereiche der Abiturprüfung können Sie bei den Lehrkräften bzw. der Oberstufenleitung erfragen oder direkt in den gültigen Lehrplänen einsehen. Einen Hinweis auf die Prüfungsgebiete bietet natürlich auch der Unterricht selbst.

Die vorliegende zweibändige Ausgabe der »Duden-Abiturhilfe Geschichte« informiert Sie über die wichtigsten möglichen Themen der Abiturprüfung. Es wird der Zeitraum von der Französischen Revolution bis zur Gegenwart behandelt. Der Schwerpunkt liegt dabei auf der deutschen Geschichte, jedoch sind Ausblicke auf die historische Entwicklung der Großmächte USA und Russland (bzw. Sowjetunion) enthalten. Vertieft besprochen wird die Zeit nach 1945. Die knappen Darstellungen der Themenkapitel sollen dabei als praktische Hilfe für die Wiederholung des Unterrichtsstoffes dienen.

Neben den inhaltlichen Kenntnissen müssen Sie in der Abiturprüfung auch methodische Fähigkeiten nachweisen. Mit der schriftlichen Abiturarbeit sollen Sie zeigen, dass Sie mit Quellen und Materialien fachgerecht umgehen können, dass Sie die grundlegenden Methoden des Faches so weit beherrschen, dass Sie zu sinnvollen Interpretationsergebnissen kommen.

II. Welche langfristigen Lernstrategien gibt es?

Zunächst sollten Sie vor allen Dingen rechtzeitig mit dem Wiederholen des Lernstoffes beginnen. Um dabei den Überblick zu behalten, erstellen Sie am besten einen Zeitplan. Wichtig ist auch, dass Sie täglich nur einzelne Abschnitte oder Kapitel lernen und nicht etwa den ganzen Prüfungsstoff sozusagen »am Stück« in drei Tagen durchzuziehen versuchen.

Am besten ist es, wenn Sie verwandte Fächer nicht direkt hintereinander lernen, weil es dabei zu einer Überlagerung der Lerninhalte kommen kann. Geschickter ist es, sich z. B. zuerst auf die Prüfung in Geschichte und unmittelbar darauf auf die Prüfung in einem naturwissenschaftlichen Fach vorzubereiten.

Lernpsychologische Studien haben zudem ergeben, dass ein sinnvoller Wissensaufbau am besten dann erreicht wird, wenn der neue Lernstoff in bereits bekanntem Wissen verankert wird. Einige Möglichkeiten, auf diese Weise »neues« und »altes« Wissen zu verknüpfen und so den Stoff in neuen Zusammenhängen zu betrachten, sind:

- Vergleichen Sie die Darstellung eines Geschichtsthemas im Unterrichtswerk mit der Darstellung im vorliegenden Band: Gibt es im Schulbuch zu dem jeweiligen Stoffbereich eines oder mehrere »Schlüsselbilder«, die das Thema verdichten und zusammenfassen? Gibt es eine oder mehrere »Schlüsselquellen«?
- Wie wurden die behandelten Themen im Unterricht in Tafelbildern zusammengefasst? Lehrer wollen mit den Tafelbildern Akzente setzen!
- Welche fünf Zeitdaten sind für den behandelten Themenbereich zentral und warum sind sie es?
- Welche Bedeutung haben historische Persönlichkeiten im Zusammenhang des jeweiligen Themas? Gibt es wichtige geschichtswissenschaftliche Fachbegriffe?
- Könnte man die dargestellten Sachverhalte auch aus einer anderen Perspektive betrachten?
- Stellen Sie den jeweiligen Themenbereich in neue Zusammenhänge. Versuchen Sie z. B., zeitliche »Längsschnitte« zu erstellen, also etwa: »die wichtigsten politischen Ideen im 19. und 20. Jh.«, »die politischen Parteien«, »die deutsche Frage seit 1945« usw.
- Machen Sie sich beim Lernen Notizen, fertigen Sie auch aus der Darstellung dieses Buches »Exzerpte« an. Die Umsetzung mancher Sachverhalte in Grafiken erleichtert ebenfalls das Einprägen von Lerninhalten.
- Auch das Lesen einer größeren allgemeinen Darstellung lohnt sich. Konzentrieren Sie sich dabei auf die dort skizzierten Grundaussagen.

III. Was gehört zur historischen Analyse?

Auch wenn zur Vorbereitung auf die Abiturprüfung verständlicherweise vor allem die konkreten Hinweise interessant erscheinen, so darf doch die Kenntnis der Grundzüge historischer Analyse nicht unterschätzt werden. Sie erleichtert es, dem Unterricht zu folgen und die Fragen der Klausuren besser zu verstehen, weil durch sie das Verständnis geschichtlicher Zusammenhänge gefördert wird.

III.1 Grundfragen bei der historischen Analyse

Die erste Frage, die im Verlauf der historischen Analyse zu stellen ist, ist die nach dem **Was** und dem **Wer:** Zuerst sollte man also alle wichtigen Ereignisse, Sachverhalte und auch die Namen der beteiligten Personen kennen. In der Schule genügt hierfür meist ein grober, auf das Wichtige konzentrierter Überblick.

Die zweite Frage ist die nach dem **Warum:** Der Historiker will wissen, warum etwas geschehen ist, er will die Ursachen kennen lernen. Dabei kann diese Frage aufgrund des meist sehr komplexen Faktorengeflechts, das historischen Erscheinungen zugrunde liegt, oft nur sinnvoll beantwortet werden, indem mehrere Ursachen genannt werden.

Die dritte Frage ist die nach den **Folgen** geschichtlicher Ereignisse und Sachverhalte. Im Geschichtsunterricht wird der Zeitgeschichte (ab etwa 1917) auf Kosten weiter zurückliegender Epochen mehr Platz eingeräumt, weil hier die Folgen für die Gegenwart greifbarer sind.

Die letzte Frage umfasst schließlich die **Beurteilung und Bewertung** geschichtlicher Ereignisse und Sachverhalte. Um den geschichtlichen Sachverhalt angemessen beurteilen und bewerten zu können, muss der Untersuchungsgegenstand aus verschiedenen Perspektiven betrachtet werden. Auf diesem Wege können viele unterschiedliche Gesichtspunkte zur Beurteilung und Bewertung herangezogen werden. Dabei darf jedoch nie außer Acht gelassen werden, dass die eigenen, zeitgebundenen Interessen und Wertvorstellungen stets die Interpretationen beeinflussen.

III.2 Strukturbildung bei der historischen Analyse

Wie erwähnt, liegen geschichtlichen Sachverhalten stets mehrere Ursachen zugrunde. Man spricht deshalb von der **Multikausalität** der Geschichte. Die verschiedenen Ursachenbündel beeinflussen und verstärken sich dabei oft gegenseitig, eine Erscheinung, die mit dem Begriff der **Interdependenz** bezeichnet wird.

Für eine methodisch einwandfreie Interpretation historischer Prozesse müssen des Weiteren auch verschiedene Quellen und die darin zum Ausdruck kommenden unterschiedlichen Standpunkte gleichzeitig berücksichtigt werden. Die Geschichtswissenschaft bezeichnet dies als **Multiperspektivität.** Der Prozess der Industrialisierung sah z. B. aus der Sicht des Arbeiters, der in der Fabrik in einem 14-Stunden-Tag »verheizt« wurde, anders aus als aus der Sicht des Unternehmers, der durch seine Fabrik reich geworden war. Vertreter der Staatsverwaltung wiederum sahen den Industriellen auch als Bereitsteller von Arbeitsplätzen und als guten Steuerzahler und setzten deshalb oft die Staatsgewalt gegen Streikversuche der Arbeiter ein.

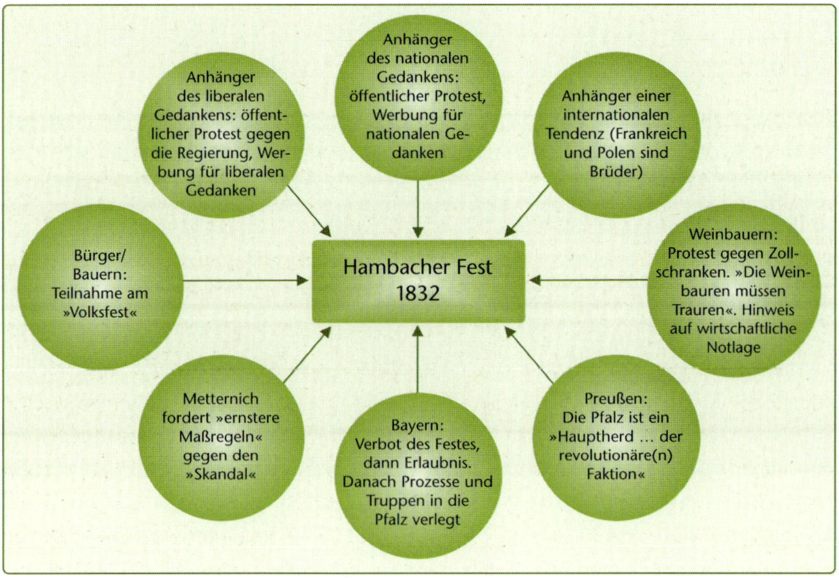

Beispiel für die Multiperspektivität historischer Erscheinungen: Das Hambacher Fest von 1832

Schließlich stellt sich die Frage nach dem **Verhältnis vom Besonderen zum Allgemeinen.** Geschichtliche Ereignisse und Abläufe sind in gewisser Weise immer einmalig. Andererseits lassen sich in ihrem Ablauf auch bestimmte allgemeinere Strukturen und Muster erkennen. Die Französische Revolution z. B. war ein ganz unverwechselbares und einzigartiges historisches Ereignis, sie weist aber dennoch auch strukturelle Gemeinsamkeiten mit anderen Revolutionen auf, die es der Geschichtswissenschaft ermöglichen, eine allgemein gültige Definition des Begriffs »Revolution« zu entwickeln. Wenn man solche allgemeinen Grundstrukturen erkennt, erleichtert dies den Umgang mit dem jeweiligen individuellen Phänomen.

IV. Die Quelleninterpretation

Als Quellen bezeichnet man alle Überreste aus der Vergangenheit oder zeitgenössische Berichte über sie. Im Schulunterricht konzentriert man sich vor allem auf die schriftlichen Quellentexte, daneben finden aber auch Bilder und Statistiken Verwendung. Der richtige Umgang mit diesen Quellen in der Abiturprüfung dient als Nachweis für die Kenntnis der grundlegenden Methoden historischer Quelleninterpretation.

IV.1 Textquellen

Fragen an eine Textquelle

Zentrale Fragestellungen bei der Interpretation von Textquellen sind:

Die Frage nach dem **formalen und sachlichen Inhalt** der Quelle: Dazu muss Unverstandenes geklärt und unbekannte Begriffe müssen gegebenenfalls nachgeschlagen werden. Hilfreich ist es auch, den Quellentext aufzugliedern und wichtige Schlüsselbegriffe und Textstellen farbig zu markieren sowie auf sprachliche Besonderheiten zu achten.

Die Fragen nach dem **Autor** bzw. **Urheber** der Quelle, dem **Umfeld des Autors** sowie dem **Adressaten** des Textes: Es ist ein Unterschied, ob ein Verwaltungsbeamter in einer Denkschrift »streng geheim« über bestimmte Sachverhalte referiert oder ob ein Journalist etwas in einer öffentlich zugänglichen Zeitung schreibt. Die Frage nach dem Autor einer Quelle will also nicht nur dessen Wissensstand und Zuverlässigkeit sowie seine Interessen und Ziele ergründen. Bei der Beurteilung des Urhebers einer Textquelle spielen ebenso seine soziale und amtliche Position eine bedeutende Rolle. Gleiches gilt in allen Fällen auch für den Adressaten: Dieselben Missstände, die in einer offiziellen Denkschrift nur behutsam umschrieben werden, können z. B. in einem Privatbrief oft deutlich benannt sein.

Die Frage nach der **Perspektive,** die in der Quelle zum Ausdruck kommt: Mit ihr wird dem Umstand Rechnung getragen, dass ein Quellentext in der Regel immer nur die standpunktbezogene, subjektive Perspektive des Urhebers wiedergibt.

Die Frage nach der Einordnung der Quelle in den **zeitgenössischen Kontext:** Dazu gehören die Berücksichtigung der Entstehungszeit (die korrekte Datierung muss unter Umständen erst erschlossen werden), die Entstehungsumstände und die Vorgeschichte der Quelle.

Die Frage nach dem **Aussagewert** der Quelle: Hier ist die richtige Einordnung der Quellengattung bzw. Textsorte von zentraler Bedeutung: Memoiren, in denen ein Politiker sich öffentlich für sein vergangenes Handeln rechtfertigt, sind z. B. weniger objektiv als Akten, die in seiner aktiven Zeit entstanden sind.

Die Frage nach **weiteren Quellen,** die den behandelten Sachverhalt thematisieren: Ein **Vergleich** verschiedener Quellen, bei dem die Unterschiede zwischen ihnen herausgearbeitet werden, ist oft ein sehr hilfreiches Mittel.

Die Frage nach den **historischen Folgen** und **Konsequenzen** des in der Quelle angesprochenen Sachverhaltes: Der Übergang dieser Fragestellung zur direkten **Beurteilung und Wertung** ist jedoch fließend.

Die Frage nach dem umfassenderen **Erkenntnis- und Problemzusammenhang,** in den die Quelle einzubetten ist. Damit soll die isolierte Betrachtung der Einzelquelle überwunden werden. COLBERTS Denkschrift zur Wirtschaftspolitik LUDWIGS XIV. z. B. erscheint so nicht nur als individuelles Dokument, sondern als Spiegel der für den Absolutismus charakteristischen Denkstrukturen.

Die Reihenfolge der hier genannten Fragen muss nicht immer streng eingehalten werden und manchmal ist die Antwort auf eine dieser Fragen auch unergiebig. Hier sollte man flexibel sein und seine Vorgehensweise je nach Text, Umständen und Quelle verändern. Die Interpretation einer Quelle ist zwar ein erlernbares Handwerk, aber immer auch eine Kunst.

Wichtige Arten von Textquellen

- **Akten:** Sie dokumentieren das Handeln von Regierungen und Verwaltungen. Am Ende eines Verwaltungsvorgangs, dessen einzelne Stufen immer in den Akten festgehalten werden, steht eine Entscheidung über das weitere behördliche bzw. staatliche Handeln: die Genehmigung einer Bitte, die Anweisung an eine Behörde usw.
- **Autobiografien und Memoiren:** Hier legt der Schreiber Rechenschaft über sein Leben ab. Die Memoiren von Politikern etwa dienen der eigenen Darstellung ihres politischen Konzeptes und der Rechtfertigung ihres politischen Handelns. Sie sind deshalb als wenig objektive, oft sehr einseitige Quellengattung einzustufen. Die Fragen, mit denen man diesem Quellentyp gegenübertreten kann, lauten z. B.: Welche leitenden Ideen bestimmen das Handeln des Autors? Gegen wen oder was und vor allem wie rechtfertigt er sich?
- **Politische Reden:** Die politische Rede will ein bestimmtes Ziel erreichen. Darum mobilisiert der Redner alle sprachlichen Mittel, um für seinen Standpunkt zu werben. Er stellt sich und eventuell seine Mitstreiter (Wir-Gruppe) deshalb besonders positiv dar, während die Gegner oft negativ gezeichnet werden. Geeignete Fragen bei der Analyse dieser Quellengattung sind: Welches Ziel hat der Redner? Wie wirbt er dafür? Welche sprachlich-stilistischen Mittel setzt er für die Erreichung seines Ziels ein? Wer sind seine Gegner?
- **Zeitungsartikel:** Zeitungen sind nicht objektiv, sondern stehen meist einer bestimmten politischen Grundüberzeugung oder Partei nahe. Vor allem die Leitartikel, die zu wichtigen politischen Tagesereignissen Stellung nehmen, spiegeln die politische Grundüberzeugung der Zeitung wider. Hier sind folgende Fragen zu stellen: Auf welche Weise spiegelt sich die subjektive politische Überzeugung der Zeitung oder des Journalisten in der Wertung der behandelten Zeitereignisse wider? Wie ist dieser subjektive Standpunkt einzuordnen?

Musterinterpretation einer Textquelle

Adolf Hitler **Berlin, den 1. September 1939**

Reichsleiter Bouhler und Dr. med. Brandt
sind unter Verantwortung beauftragt, die Befugnisse namentlich zu bestimmender Ärzte so zu erweitern, dass nach menschlichem Ermessen unheilbar Kranken bei kritischster Beurteilung ihres Krankheitszustandes der Gnadentod gewährt werden kann.

Adolf Hitler

(Schreiben Hitlers, rückdatiert auf den 1. 9. 1939; zitiert nach: Geschichte in Quellen Band V, bearb. von Günter Schönbrunn, 2. Auflage 1970, S. 510)

Interpretation:

- **Inhalt:** Bei dem Text handelt es sich um den Befehl, mit dem HITLER die Tötung unheilbarer psychisch Kranker anordnete (»Euthanasieprogramm«). Dafür wird, den schrecklichen Sachverhalt sprachlich verschleiernd, der Ausdruck »Gnadentod« gewählt.
- **Autor und Adressat:** ADOLF HITLER stand zum Zeitpunkt der Entstehung dieses Aktenvorgangs als »Führer und Reichskanzler« unangefochten an der Spitze des »Dritten Reichs«. Gemäß dem nationalsozialistischen »Führerprinzip« hatte ein »Führerbefehl« Gesetzeskraft. Der Hauptadressat (Reichsleiter PHILIPP BOUHLER) war der Chef der »Kanzlei des Führers«, HITLERS Machtzentrums in der NSDAP. Aber auch der in der Quelle genannte Arzt DR. BRANDT war als »Reichskommissar für das Sanitäts- und Gesundheitswesen« eng mit dem NS-System verbunden. Dass HITLER den »Euthanasiebefehl« über die Parteizentrale und nicht über die staatlichen Stellen erließ, zeigt zum einen die zentrale Stellung der NSDAP, zum anderen aber auch das Bemühen HITLERS, den Vorgang möglichst geheim und ohne die Beteiligung von eventuell »unzuverlässigen« oder nicht loyalen staatlichen Stellen in die Wege zu leiten.
- **Perspektive der Quelle:** Die Quelle spiegelt deutlich das nationalsozialistische Rassendenken mit seinen sozialdarwinistischen und biologistischen Elementen wider. Ein Bestandteil dieser Ideologie war die Vorstellung, nur ein ausschließlich aus gesunden und leistungsfähigen Menschen bestehendes Volk könne sich im Kampf mit anderen Völkern durchsetzen. Deshalb sollte die »Volks-

gesundheit« der Deutschen durch gezielte Ausmerzung »lebensunwerten Lebens« gesteigert werden. So erlaubte bereits 1933 ein »Gesetz zur Verhütung erbkranken Nachwuchses« die Sterilisation von geistig behinderten und an Epilepsie erkrankten Menschen.

- **Zeitgenössischer Kontext:** Die Datierung des Aktenvorgangs gibt den 1. September 1939, also den Tag des Ausbruchs des Zweiten Weltkriegs an. Die Forschung hat aber nachgewiesen, dass der Befehl in Wirklichkeit erst Ende Oktober 1939 erlassen und von HITLER rückdatiert wurde. Hintergrund dieser Rückdatierung ist der Umstand, dass der Chef der Führerkanzlei, BOUHLER, bereits vor diesem schriftlichen Führerbefehl auf mündliche Weisung HITLERS hin mit dem Aufbau einer Tarnorganisation (sog. »Aktion T4«) zur Tötung psychisch Kranker begonnen hatte. Dass HITLER hier gerade den 1. September 1939 als Datum angab, ist ein Hinweis darauf, dass gerade der Ausbruch des Krieges von den Nationalsozialisten als Begründung herangezogen wurde, das lange vorbereitete Vernichtungsprogramm nun bis in die letzte Konsequenz durchzuführen.

- **Quellenwert:** Da es sich bei diesem Dokument um einen Aktenvorgang handelt, ist der Quellenwert sehr hoch anzusetzen. Für die Authentizität seines Inhalts spricht auch der Umstand, dass dieser »Führerbefehl« aufgrund seiner Brisanz der Geheimhaltung unterlag.

- **Quellenvergleich:** Quellen, die das nationalsozialistische »Euthanasieprogramm« in der gleichen Art und Weise wie der vorliegende »Führerbefehl« explizit dokumentieren, sind aufgrund der damaligen Geheimhaltung und der Mündlichkeit vieler ähnlicher Befehle selten. Stimmungsberichte aus der Bevölkerung belegen aber, dass man schon bald auch außerhalb der »Tötungskliniken« über die Tötungsaktionen Kenntnis hatte. Vor allem kirchliche Stellen legten auch öffentlich gegen diese Aktionen Protest ein. So wandte sich der evangelische Landesbischof von Württemberg im Juli 1940 in dieser Angelegenheit an den Reichsinnenminister. Aufsehen erregte auch die Predigt des damaligen Bischofs von Münster CLEMENS AUGUST Graf VON GALEN am 3. August 1941, in der er diese Euthanasiemaßnahmen anprangerte.

- **Historische Folgen:** Dem in dem vorliegenden Führerbefehl dokumentierten Tötungsprogramm fielen rund 80 000 psychisch Kranke – Erwachsene und Kinder – zum Opfer. Im August 1941 ordnete HITLER wegen des Bekanntwerdens der »Aktion T4« und der kirchlichen Proteste nach außen hin offiziell die Einstellung der Maßnahmen an. Im Geheimen ging das »Euthanasieprogramm« aber unvermindert weiter.
- **Einordnung in einen umfassenderen Erkenntniszusammenhang:** Der in der Quelle dokumentierte »Führerbefehl« zeigt die Konsequenzen auf, die sich aus der völligen Missachtung der vom Nationalsozialismus verächtlich als überwunden bezeichneten individuellen Grund- und Menschenrechte ergaben.

IV.2 Bildquellen

Der Begriff »Bildquelle« ist relativ unscharf, denn mit ihm werden Gegenstände sehr unterschiedlicher Genres bezeichnet: Dazu gehören das zeitgenössische Herrscherporträt ebenso wie das Foto einer Arbeiterwohnung des 19. Jahrhunderts oder eine Karikatur.

Fragen an eine Bildquelle

Zentrale Fragestellungen bei der Interpretation von Bildquellen sind:

Die Frage nach dem **Inhalt:** Hierbei sollten die Art der Bildquelle und das in der Bildquelle aufgegriffene Thema genau erfasst und beschrieben werden.

Die Frage nach der **künstlerischen** bzw. **technischen Darstellungsform des Bildthemas** konzentriert sich auf die formalen Qualitäten und Aussagen des Bildes: Was wurde vom Künstler oder Fotografen hervorgehoben, was in den Hintergrund gestellt, welche Farbkontraste oder Größenunterschiede enthält das Bild. Wichtig ist auch die Darstellung von Symbolen, deren Bedeutung man klären sollte.

Die Frage nach der **Absicht des Künstlers** (oder des **Auftraggebers**): Hierbei ist zu untersuchen, welche Aussagen der Künstler mit der Bildquelle machen will bzw. welche Absichten er mit ihr verfolgt. Das Herrscherbild etwa hat die Aufgabe, ein Staatsoberhaupt propagandistisch aufzuwerten und stellt die entsprechende Person deshalb imponierend und oft umgeben von den Symbolen staatlicher Macht dar.

Die Frage nach der Einordnung des Bildes in den **zeitgeschichtlichen Kontext:** Die Heranziehung zusätzlicher Informationen über die Bildquelle, wie z. B. das Entstehungsdatum und die Entstehungsumstände, dient dazu, das Bild in einen umfassenderen Zusammenhang zu stellen und eventuell den Aussagegehalt kritisch zu hinterfragen.

Wichtige Arten von Bildquellen

- **Herrscherbild:** Dieser Bildtyp hat die Aufgabe, einen Herrscher als Inhaber oder Repräsentanten staatlicher Macht darzustellen. Er steht deshalb formal gesehen oft im Mittelpunkt des Bildes und ist von den Symbolen staatlicher Herrschaft (z. B. Krone, Schwert) umgeben. Die Absicht des Bildes ist es, mit der Darstellung eine Herrscherdynastie oder ein Staatsoberhaupt sowie den von ihm regierten Staat propagandistisch zu überhöhen.
- **Politisches Plakat:** Plakate, die für politische Parteien und Gruppen werben, tauchen ab dem Ende des 19. Jh. vermehrt auf. Beim Plakat handelt es sich um eine Wort-Bild-Kombination, welche die Absicht verfolgt, die Überzeugungen und Ziele einer bestimmten Gruppe oder Partei, aber unter Umständen auch die Politik einer Regierung zu propagieren.
- **Fotografie:** Auf den ersten Blick scheint das Foto eine besonders objektive Form der Wiedergabe der Wirklichkeit zu sein. Tatsächlich aber sind durch Kameraführung, Verwendung besonderer Objektive, Wahl des Bildausschnittes oder nachträgliche Bearbeitung vielfältige Manipulationen möglich. Fotografische Quellen müssen als Wirklichkeitssplitter deshalb besonders sorgfältig in den weiteren Kontext eingebettet werden.
- **Karikatur:** Die politische Karikatur verfremdet häufig die gewohnte Perspektive, um bestimmte Themen in **kritischer Absicht** zu beleuchten. Bei der Karikatur ist also immer nach der Absicht des Zeichners und den künstlerischen Mitteln, mit denen er diese Absicht umsetzt, zu fragen. Bei der Bildinterpretation ist auch auf eventuell vorhandene Bildunterschriften zu achten. Es ist ferner hilfreich, die Bedeutung der wichtigsten, in den Karikaturen

häufig wiederkehrenden symbolischen Figuren (etwa »John Bull« für England, »Uncle Sam« für die USA, »Marianne« für Frankreich oder den »deutschen Michel«) zu kennen.

Musterinterpretation einer Bildquelle (Karikatur)

Karikatur aus einer amerikanischen Tageszeitung vom 18.10.1930

Interpretation:

- **Bildinhalt:** ADOLF HITLER kriecht aus einer Vertragsrolle, dem Friedensvertrag von Versailles, heraus. Die Bildinschriften verdeutlichen dies.
- **Künstlerische Form:** Die Karikatur ist einfach gezeichnet und setzt zwei Schwerpunkte: die Vertragsrolle und den Oberkörper HITLERS. Auffällig ist, dass HITLER mit kantigen Gesichtszügen und in überwiegend dunkler Zeichnung bedrohlich dargestellt wird. Die Pickelhaube (mit der Aufschrift »Hitler Party«), die bei Karikaturen in der Regel als Symbol des preußischdeutschen Militarismus dient, verstärkt diesen Eindruck. Der Friedensvertrag wird durch die Vertragsrolle symbolisiert, die durch ihre helle Gestaltung einen Kontrast zur Figur HITLERS bildet und damit einen eigenen Schwerpunkt setzt.
- **Absicht:** Der Karikaturist kritisiert hier sowohl HITLER und die NSDAP, welche er als Kennzeichen eines bedrohlichen, militaristi-

schen Deutschland darstellt, als auch den Versailler Vertrag, den er für den Aufstieg HITLERS in Deutschland mit verantwortlich macht.

- **Einordnung in einen umfassenderen Kontext:** Die Karikatur stammt aus einer amerikanischen Tageszeitung vom 18.10.1930. Hintergrund ist, dass die Nationalsozialisten in den Wahlen vom 14.9.1930 einen ungewöhnlichen Stimmenzuwachs verbuchen konnten. Von einer Splitterpartei stiegen sie zur zweitstärksten Partei nach der SPD auf und errangen mit ihren 6,4 Mill. Wählerstimmen im Reichstag 107 Mandate. Der amerikanische Karikaturist hält die NSDAP für eine Bedrohung des Friedens (harte Gesichtszüge HITLERS und Pickelhaube). Indirekt wird aber auch die amerikanische Politik nach dem Ende des Ersten Weltkriegs kritisiert, da die USA die für Deutschland sehr harten Bedingungen des Versailler Vertrags nicht verhindert hatten. Tatsächlich bildete die Forderung nach einer Revision des Versailler Vertrags ein wichtiges Element in der nationalsozialistischen Propaganda. Allerdings ist dies eine monokausale Erklärung, die andere Ursachen für den Aufstieg der Nationalsozialisten, insbesondere die Weltwirtschaftskrise und weiterwirkende nationalistische und obrigkeitsstaatliche Traditionen in Deutschland außer Acht lässt.

IV.3 Statistische Quellen

Die Analyse von statistischen Daten, die auch als Grafiken aufbereitet sein können (Säulendiagramme, Kurven, Kreisdiagramme usw.), bietet ganz eigenständige Erkenntnismöglichkeiten. Statistisches Material kann zum Beispiel langfristige historische Prozesse dokumentieren, die in den zeitgenössischen Textquellen nicht in gleichem Maße ihren Niederschlag finden. Dies gilt etwa für den wirtschaftlichen Bereich oder auf dem Gebiet sozialer Strukturveränderungen. Die wirtschaftliche Vormachtstellung Preußens im Deutschen Bund etwa, welche einer der zentralen Erklärungsfaktoren für die folgende politische Dominanz der Hohenzollernmonarchie in der preußisch-kleindeutschen Reichsgründung war, kann z. B. mithilfe statistischer Daten belegt werden.

Fragen an eine statistische Quelle

Zentrale Fragestellungen bei der Interpretation von statistischen Quellen sind:

Die Frage nach dem **Thema,** über das die Statistik Auskunft geben soll: Hierbei ist es notwendig, die Überschrift der Statistik und insbesondere die dargestellten statistischen Größen zu beachten.

Die Frage danach, welche **Beziehung die dargestellten statistischen Größen zum angegebenen Thema der Statistik** haben: Dabei wird das Problem diskutiert, ob die gewählten statistischen Größen und ihre Aufarbeitung hinsichtlich des angegebenen Themas der Statistik überhaupt aussagekräftig sind.

Die Frage, ob **herausragende Einzelphänomene** beobachtet werden können: In diesem Zusammenhang ist es sinnvoll, nach auffallenden Schwerpunkten oder Unregelmäßigkeiten in der Statistik zu suchen. Grafische Darstellungen sind hier meist aussagekräftiger als Zahlenreihen. Zudem ist es oft sinnvoll, gravierende Veränderungen bei den absoluten Zahlengrößen zur besseren Verdeutlichung in Prozentzahlen umzurechnen.

Die Frage nach der Einordnung einer Statistik in einen umfassenderen **Kontext:** Hier sollten die in der Statistik beobachteten Phänomene mit dem bereits vorhandenen Wissen über den behandelten Zeitraum kombiniert werden, um diese Phänomene erklären und erläutern zu können.

Die Frage nach den **Grenzen der statistischen Aussage:** Die analysierte Statistik sollte nun gegebenenfalls unter Heranziehen anderer Quellen oder auch weiterer Statistiken kritisch hinsichtlich ihres historischen Aussagewertes beurteilt werden. Während z. B. die Höhe der Kohle- und Stahlerzeugung ein wichtiger Indikator für das Wachstum einer Volkswirtschaft des 19. Jh. ist, ist die Aussagekraft einer Statistik desselben Wirtschaftssektors für die Beurteilung der gesamtwirtschaftlichen Entwicklung heute deutlich geringer.

Musterinterpretation von statistischen Quellen

Die Steinkohlenförderung europäischer Staaten im 19. Jh., dargestellt in absoluten Zahlen (Tabelle 1) und grafisch umgesetzt (Grafik 1 und 2).

(Quelle: Wolfgang Köllmann, Die Industrielle Revolution, Stuttgart 1987, S. 51)

Tabelle 1

Jahr	Großbritannien	Deutschland	Preußen
1820	17,7	1,3	1,2
1830	22,8	1,8	1,6
1840	34,2	3,2	2,8
1850	50,2	5,1	4,6
1860	81,3	12,3	10,7
1870	112,2	26,4	23,3
1880	149,3	47,0	42,2
1890	184,5	70,2	64,4
1900	228,8	109,3	102,0
1910	268,7	152,8	143,8

Steinkohlenförderung in Großbritannien, Deutschland und Preußen in Mill. t

Grafik 1

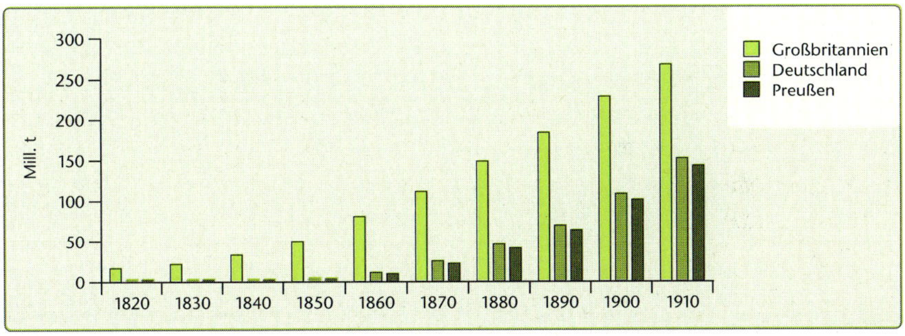

Steinkohlenförderung in Mill. t

Grafik 2

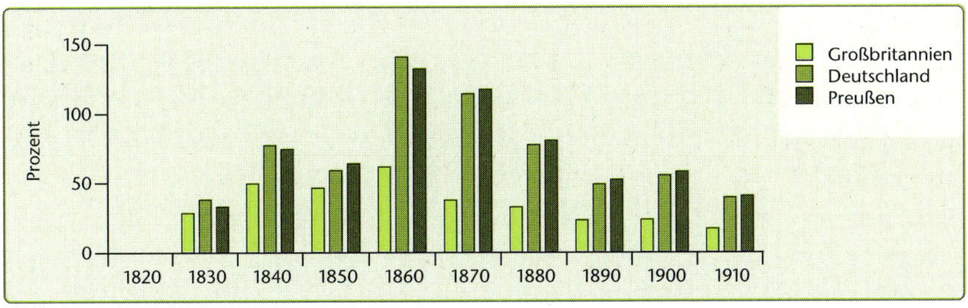

Prozentuale Steigerungsrate der Steinkohlenförderung in 10-Jahres-Intervallen

Interpretation:

- **Thema:** Die drei Statistiken geben Auskunft über die Steinkohlenförderung in Großbritannien und Deutschland zwischen den Jahren 1820 und 1910, wobei für das Gebiet des Deutschen Bundes bzw. des Deutschen Reichs auch die Steinkohlenförderung des größten Bundesstaates Preußen erfasst wird.
- **Beziehung der dargestellten statistischen Größen zum angegebenen Thema:** Die Statistik der Steinkohlenförderung zeigt die Entwicklung einer der Schlüsselbranchen des Industriezeitalters auf. Die Steinkohlenförderung stellt neben der Eisen- und Stahlproduktion einen der aussagekräftigsten Indikatoren für den Fortgang des Industrialisierungsprozesses dar. Hinsichtlich der Entwicklung in Deutschland und Preußen umfasst der in den vorliegenden Statistiken dargestellte Zeitraum die Phase vom Beginn des Industrialisierungsprozesses bis zur Hochindustrialisierung kurz vor dem Ersten Weltkrieg. Abzulesen ist hier auch die zeitliche Phasenverschiebung zwischen der Industrialisierung in Großbritannien und Deutschland: Während die Zahlen für 1820 klar den großen Vorsprung und die Überlegenheit der britischen Wirtschaft zeigen, verdeutlichen die Zahlen des Jahres 1910 den wirtschaftlichen Aufholprozess des Kaiserreichs und die sich abzeichnende deutsch-britische Wirtschaftskonkurrenz.
- **Herausragende Einzelphänomene:** Hinsichtlich der deutschen Entwicklung fällt vor allem der steile Anstieg der Fördermengen in der Zeit zwischen 1850 und 1870 auf, in der sich die Kohlenförderung in jedem 10-Jahres-Zeitraum mehr als verdoppelte (zwischen 1850 und 1860 um 141 %, zwischen 1860 und 1870 um 114 %). Deutlich wird auch der gewaltige Vorsprung, den Großbritannien zu Beginn des 19. Jh. hinsichtlich der Industrialisierung hatte. Der Prozess der Annäherung der deutschen bzw. preußischen Förderung an die britische begann erst ab der Mitte des 19. Jh. mit dem Einsetzen der Industrialisierung in Deutschland. Auch 1910 überstieg die Kohlenförderung Großbritanniens die des Deutschen Reichs noch erheblich. Die Industrialisierung erfolgte allerdings in Deutschland schneller als in Großbritannien: Der prozentuale Anstieg der Förderung in den einzelnen 10-Jahres-Perioden, der ein Maß für die Dynamik dieses Wirtschaftszweigs ist, zeigt für

Deutschland wesentlich höhere Werte als für Großbritannien. Dies gilt v. a. für das Jahrzehnt zwischen 1860 und 1870. Zugleich fällt aber auch eine deutliche Abflachung der Steigerungsrate der deutschen Fördermengen nach 1870 auf. Bemerkenswert ist der hohe Anteil, den Preußen an der deutschen Kohlenförderung hatte. Dies weist auf die wirtschaftliche Vormachtstellung Preußens im Deutschen Bund bzw. im Kaiserreich hin.

- **Einbettung in einen umfassenderen Kontext:** Der steile Anstieg der deutschen und preußischen Steinkohlenförderung zwischen 1850 und 1870 markiert den Durchbruch der industriellen Revolution in Deutschland. Die Kohlenförderung ist deswegen hierfür ein aussagekräftiger Indikator, weil die Steinkohle bei der Eisen- und Stahlproduktion für die Maschinenbauindustrie und den Eisenbahnbau nötig ist. Der Eisenbahnbau und die Stahlindustrie wiederum waren in Deutschland die »Katalysatoren« bzw. »Schlüsselbranchen« der Industrialisierung. Auch die deutsche Eisen- und Stahlproduktion erhöhte sich in diesen Jahren signifikant. Der langsame Anstieg der Kohlefördermengen zwischen 1820 und 1850 erklärt sich aus den politischen Hemmnissen, die damals der Industralisierung in Deutschland entgegenstanden: Ein einheitlicher deutscher Binnenmarkt etwa kam erst ab 1834 mit der Gründung des Zollvereins unter Preußens Führung zustande. Die Abschwächung des Anstiegs der Fördermengen ab 1870 geht zum einen auf die wirtschaftliche Depressionsphase der Jahre nach 1873 (»Gründerkrise«) zurück, in denen z. B. auch der als Leitsektor dienende Eisenbahnbau an Bedeutung verlor, weil das Streckennetz weitgehend fertig gestellt war. Ferner verlagerte sich ab 1895 der wirtschaftliche Schwerpunkt auf andere Branchen (Elektroindustrie, Chemie). Der in der Statistik zum Ausdruck kommende Aufstieg Deutschlands zu einer großen Industriemacht ist auch einer der Gründe für die ab 1890 zunehmende Rivalität zwischen Großbritannien und Deutschland.
- **Grenzen der statistischen Aussage:** Die Darstellung in 10-Jahres-Perioden ist vergleichsweise ungenau, weil damit eventuell innerhalb dieser Jahrzehnte auftretende Schwankungen nicht erfasst werden können. An der Entwicklung der Steinkohleförderung und der damit korrespondierenden Stahlerzeugung kann zwar der Pro-

zess der Früh- und Hochindustrialisierung abgelesen werden. Für die später Bedeutung gewinnenden neuen »Leitindustrien« (Elektroindustrie, Chemie) hat diese Statistik jedoch keine Aussagekraft. Der in der Statistik zum Ausdruck kommende Rückgang der Steigerungsraten der deutschen Förderung zwischen 1900 und 1910 (Anstieg nur 39%) verzerrt daher auch das Bild der tatsächlichen wirtschaftlichen Entwicklung, weil eben zu diesem Zeitpunkt die genannten anderen Wirtschaftssektoren die Führung übernahmen. Die Heranziehung anderer Statistiken, etwa der Entwicklung des Brutto- oder Nettosozialprodukts, könnte die tatsächlich stattfindende gesamtwirtschaftliche Entwicklung in Deutschland deutlicher machen. Auch der bis zum Ende des in der Statistik erfassten Zeitraums bestehende Vorsprung Großbritanniens in der Steinkohlenförderung würde sich durch einen Blick auf andere Statistiken relativieren: 1910 etwa überflügelte das Kaiserreich Großbritannien bereits in der Roheisenproduktion (13,111 Mio. t gegenüber 10,173 Mio. t) und kurz nach 1900 auch hinsichtlich des Volkseinkommens.

V. Die wissenschaftliche Sekundärliteratur

In der Regel erfolgt die Aneignung historischer Kenntnisse außerhalb der Geschichtswissenschaft aber nicht über die bisher genannten Quellen, sondern durch die Lektüre von Schulbüchern, wissenschaftlichen Geschichtsdarstellungen, Sachbüchern oder Lexika. Analog zu den eben erläuterten sog. »Primärquellen« wird für solche Abhandlungen der Begriff »Sekundärliteratur« gebraucht.

Die **wissenschaftliche** Sekundärliteratur beruht auf der möglichst lückenlosen methodischen Auswertung der für den behandelten Sachverhalt als geeignet herangezogenen Quellen sowie auf der Verarbeitung der bis dahin erschienenen wissenschaftlichen Literatur zu dem entsprechenden Thema. Der Bogen wissenschaftlicher Geschichtswerke spannt sich von der allgemeinen Gesamtdarstellung (z. B. einer »Geschichte Europas in der Neuzeit«) über größere Überblicksanalysen einzelner Perioden oder Staaten (z. B. einer »Geschichte der Weimarer Republik«), wissenschaftliche Biografien (z. B. von JULIUS CAESAR) bis hin zur Untersuchung spezieller Einzelthemen (z. B. des nationalsozialistischen »Euthanasieprogramms«), welche oft als Dissertationen oder

Aufsätze in Fachzeitschriften veröffentlicht werden. Da auch scheinbar objektive Fakten und anscheinend eindeutige Quellen auch und besonders in der Wissenschaft unterschiedlich interpretiert werden (was dem erörterten multiperspektivischen Ansatz der historischen Analyse entspricht, vgl. S. 12), mündet die geschichtswissenschaftliche Diskussion oft in ein »Streitgespräch« oder eine »wissenschaftliche Kontroverse«.

Die Oberstufenbüchereien der Schulen enthalten meist die wichtigsten neueren Gesamt- und Überblicksdarstellungen. Wissenschaftliche Darstellungen, Schulbücher – und auch der Anhang von Band 2 dieser Abiturhilfe – enthalten Literaturlisten, die Hilfe für die Lektüreauswahl geben können.

Zentrale Fragen an wissenschaftliche Sekundärliteratur

Die Frage nach dem **Standpunkt** und den **Thesen des Autors:** Hierbei sollten der Standpunkt und die zentralen Aussagen des Verfassers erkannt und präzise formuliert werden.

Die Frage, mit welcher **Argumentation** der Autor seine These(n) begründet: Auch hier sollte es gelingen, den Argumentationsstrang des Verfassers möglichst präzise nachzuzeichnen.

Die Frage, wo **Kritik** an den Thesen und der Argumentation des Autors möglich ist: Dabei ist es notwendig, aus einer eigenen Perspektive oder dem Blickwinkel einer anderen Darstellung die Berechtigung und Brauchbarkeit der Standpunkte bzw. Argumente des Autors kritisch zu hinterfragen. Zudem ist auf Lücken in der Argumentation des Verfassers zu achten.

Musterinterpretation eines Textes aus der wissenschaftlichen Sekundärliteratur

Der Versailler Vertrag

»Der Friede von Versailles war weder ein ›Wilson-Frieden‹ noch ein ›karthagischer Frieden‹, von dem gelegentlich im Lager der Sieger gesprochen wurde. Seine Einzelbestimmungen waren materiell hart, außerdem, gemessen an den demokratischen Prinzipien, vor allem des Selbstbestimmungsrechts, ungerecht und schließlich in den von den Deutschen so genannten ›Schmachparagraphen‹ verletzend. Auch war es kein Frieden mehr, der in die Tradition der europäischen Friedensschlüsse seit dem 17. Jahrhundert gestellt werden konnte. Denn mit dem Besiegten wurde nicht verhandelt. Die Deutschen sprachen daher von dem ›Diktat‹ von Versailles. In den Reihen der ›Friedensmacher‹ bis hinein in die Geheimbesprechungen der ›Großen Drei‹, WILSON, LLOYD GEORGE und CLEMENCEAU, war man sich über die Fragwürdigkeit und Brüchigkeit des Friedens im Klaren. Es gab harte Auseinandersetzungen, an deren Ende der physische und psychische Zusammenbruch WILSONS gestanden hat. Dass das deutsche Volk aller Parteien sich leidenschaftlich gegen diesen Frieden auflehnte und dass schließlich doch unter dem Druck des alliierten Ultimatums angesichts der materiellen Not, der militärischen Schwäche und der Gefährdung der Reichseinheit die Unterschrift in Versailles geleistet wurde, das blieb wie ein Stachel im deutschen Bewusstsein der 20er-Jahre und wurde immer von neuem agitatorisch wachgerufen. Die Revision des Vertrages von Versailles wurde zum selbstverständlichen Ziel deutscher Politik.«

(zitiert nach: Werner Conze, Die deutsche Nation. Ergebnis der Geschichte, Göttingen ^{2}1965, S. 114 f.)

Interpretation:

- **Standpunkt/These:** Der Historiker CONZE bewertet den Versailler Vertrag als einen Frieden, der nicht »in die Tradition der europäischen Friedensschlüsse seit dem 17. Jahrhundert gestellt werden konnte«. Während die Friedensverhandlungen bis in das 19. Jh. (z.B. beim Wiener Kongress) auf den Erhalt des Mächtegleichgewichts bedacht gewesen seien und auch den besiegten Gegner noch als gleichrangige Großmacht behandelt hätten, habe der Deutschland einseitig aufgezwungene Versailler Vertrag eindeutig mit dieser Tradition gebrochen.
- **Argumentation:** Sein negatives Urteil über den Friedensvertrag begründet CONZE zum einen damit, dass mit den Besiegten nicht verhandelt worden sei (»Diktatfriede«). Darüber hinaus weist er auf die materielle Härte der Vertragsbedingungen und die Nichtbeachtung des demokratischen Selbstbestimmungsrechtes hin, das ja gerade von WILSON in seinen 14 Punkten als Grundlage einer neuen Politik in Europa eingefordert worden war, ferner auf die von den Deutschen damals als »Schmachparagraph« empfundene Feststellung der alleinigen Kriegsschuld des Deutschen Reiches. Mit dieser Charakterisierung des Vertrags will CONZE erklären, warum für einen Großteil der Deutschen in der Weimarer Republik die »Revision des Vertrages von Versailles« ein zentrales politisches Ziel geworden war. Zwischen den Zeilen erklärt

er damit den Frieden von Versailles auch zu einem der Gründe für den Aufstieg HITLERS und der Nationalsozialisten, da diese den »Kampf gegen Versailles« propagandistisch außerordentlich gut nutzen konnten.

- **Kritik:** CONZE argumentiert hier stark aus deutscher Perspektive. Aus der Sicht Frankreichs hingegen hat der Versailler Vertrag nicht zu einer dauerhaften Sicherung der Grenzen Frankreichs gegenüber Deutschland geführt; auch ist die von den Franzosen damals angestrebte Rückgängigmachung der deutschen Vereinigung von 1870/71 nicht zustande gekommen: »Der Vertrag nimmt Deutschland alles, außer der Hauptsache, dem politischen Dasein als Staat (...)« (BAINVILLE). Zudem muss darauf hingewiesen werden, dass auch in früheren Friedensschlüssen die Zahlung der Kriegskosten (Reparationen) Sache des besiegten Staates gewesen ist; Deutschland selbst hat etwa im Jahr 1918 mit Russland aus der Position des Siegers heraus den ebenfalls sehr harten Frieden von Brest-Litowsk abgeschlossen.

VI. Die Klausur

Auch wenn die folgenden Erläuterungen und Hinweise sinngemäß für alle Klausuren in der Oberstufe gelten, so hat doch die Abiturklausur schon allein aufgrund des großen Umfangs der möglichen Prüfungsgebiete eine andere Qualität. Die nachstehenden Ausführungen sollen helfen, eine gute und zielgerichtete Vorbereitung noch effektiver zu gestalten.

VI.1 Klausuren im Grundkurs und im Leistungsfach

Entsprechend den Bestimmungen der einzelnen Bundesländer kann das Leistungsfach Geschichte auch »abgestuft« und die Prüfung mit »Grundkursanforderungen« abgelegt werden. Die einheitlichen Abiturprüfungsanforderungen formulieren hierzu: »Die Anforderungen im Grundkurs- und im Leistungsfach unterscheiden sich vor allem im Hinblick auf die Komplexität des Stoffes, den Grad der Differenzierung und Abstraktion der Inhalte und Begriffe, im Anspruch an die Methodenbeherrschung und in der Selbstständigkeit der Lösung von Problemen.« In der schulischen Praxis erhalten die Abiturientinnen und

Abiturienten dann meist die Leistungskursarbeit, in der aber zur Anpassung an die Grundkursanforderungen einzelne Fragen gestrichen oder andere auch geändert sind.

VI.2 Die schriftliche Klausur

Den Vorgaben der Kultusministerien der Länder entsprechend, besteht eine Abiturarbeit normalerweise aus einer »Problemerörterung mit Material«. Sie umfasst also eine größere Quelle oder mehrere kürzere Quellen und Materialien sowie etwa sechs bis acht Fragen (Teilaufgaben), die sich vorwiegend auf das vorgelegte Material beziehen und die Abiturientinnen und Abiturienten vor die Aufgabe stellen, Sachverhalte »selbstständig darzulegen und zu analysieren«. In manchen Bundesländern ist auch eine »Problemerörterung ohne Material« zulässig. Dass dieser Möglichkeit folgend nur ein reiner Aufsatz verfasst werden muss, ist aber eher unwahrscheinlich. Freilich sind auch Fragen erlaubt, die über die vorgelegte Quellen- und Materialbasis hinausgehen und einen weiteren Blick erfordern, der allerdings immer in Zusammenhang mit dem Thema der Prüfungsklausur stehen muss.

Nach den Bestimmungen der Kultusministerien muss jede »Prüfungsaufgabe (...) eine thematische Einheit« bilden. Die Abiturklausur beginnt in der Regel mit einfacheren Fragen (Anforderungsbereiche I/II) und geht dann zu schwierigeren Aufgaben (Anforderungsbereich III) über. Eine anspruchsvolle Klausur enthält in allen Bundesländern Aufgaben aus allen drei Anforderungsbereichen.

VI.3 Die Anforderungsbereiche

Anforderungsbereich I: Hier wird die Wiedergabe von Sachverhalten aus einem abgegrenzten Gebiet im erlernten Zusammenhang gefordert. Beispiele hierfür sind die Beschreibung eines historischen Sachverhalts oder die Erklärung fachwissenschaftlicher Begriffe. Letztlich geht es also um eine Reproduktion des Gelernten.

Anforderungsbereich II: Hier wird selbstständiges Erklären, Bearbeiten und Ordnen bekannter Sachverhalte verlangt. Beispiele hierfür sind etwa eine Analyse der Endphase der Weimarer Republik unter dem

Gesichtspunkt des Funktionsverlustes des Parlamentes oder eine Untersuchung einer im Unterricht bislang nicht behandelten Deutung der Revolution von 1848. Insgesamt sollte man hier zeigen, dass man die erworbenen Kenntnisse in neuen Zusammenhängen anwenden kann (Transfer).

Anforderungsbereich III: Hier sollten komplexe Gegebenheiten und Sachverhalte planmäßig verarbeitet werden können mit dem Ziel, zu selbstständigen Folgerungen, Deutungen und Wertungen zu gelangen. Die Abiturientinnen und Abiturienten sollen zeigen, dass sie zu eigenständigen historischen Urteilen in der Lage sind.

Diese Anforderungsebenen können auch für den Bereich der methodischen Kenntnisse definiert werden: Beim Anforderungsbereich I soll nachgewiesen werden, dass Quellenarten und Darstellungsformen gekannt und die wichtigsten Arbeitstechniken der Quellenanalyse beherrscht werden. Im Anforderungsbereich II sollen vertiefte Methodenkenntnisse nachgewiesen werden, etwa die Fähigkeit, den Text in knappen Thesen zusammenzufassen. Im Anforderungsbereich III sollten die fachspezifischen Methoden darüber hinaus beurteilt und kritisiert werden können.

VI.4 Fragetypen

Im Folgenden werden die am häufigsten in den Klausuren auftretenden »Fragetypen« vorgestellt (vgl. S. 11).

Anforderungsbereich I:
»Nennen Sie ...«, »Beschreiben Sie ...«: Hier soll der Inhalt knapp und strukturiert dargelegt werden.

»Erklären Sie ...«/»Erläutern Sie ...«: Bei diesem Fragetyp soll eine sinnvolle und geordnete Erklärung des Sachverhaltes gegeben werden, die das **Wesentliche** hervorhebt. Eine Strukturierungshilfe kann hierbei die Frage nach dem »Warum« sein, bei der die Ursachen für Ereignisse oder Prozesse benannt werden. Zu denken ist dabei an die Phänomene der Multikausalität und der Interdependenz (vgl. S. 12).

Anforderungsbereich II:
»Fassen Sie den Inhalt der Quelle mit Ihren eigenen Worten zusammen ...«, »Geben Sie in knapper Form den Inhalt thesenartig wieder ...«, »Arbeiten Sie

die zentralen Thesen heraus …«: Diese Formulierungen verlangen, aus dem Material knapp das Wichtigste herauszufinden und mit eigenen Worten kurz zusammenzufassen. Die Sachverhalte sollten nach ihrer Wichtigkeit geordnet und, wenn möglich, einem allgemeineren Sachverhalt zugeordnet werden.

»Vergleichen Sie …«: Hier ist es wichtig, dass die Antwort nicht nur Gemeinsamkeiten, sondern auch Unterschiede festhält. Ein Vergleich kann zudem im Sinne des multikausalen und multiperspektivischen Ansatzes nicht nur eine einzige Kategorie des Vergleichens beinhalten. Am Ende eines solchen Vergleichs sollte eine zusammenfassende Auswertung, also ein Schlussergebnis stehen.

»Ordnen Sie in den geschichtlichen Zusammenhang …«, »… in den historischen Kontext …«, »… in den zeitgeschichtlichen Hintergrund ein …«: Die Behandlungsweise dieser Frage wurde bereits in den vorhergehenden Abschnitten über die Interpretation von Textquellen, Bildern und Statistiken berührt. Bei dieser Aufgabenstellung sollten die Schlüsselbegriffe und Schlüsselfragen der Quelle mit dem angeeigneten Wissen über die jeweilige Epoche verbunden werden. Zu denken ist dabei insbesondere an das Verhältnis von Individuellem und Allgemeinem (vgl. S. 13).

Anforderungsbereich III:
»Überprüfen Sie die in der Quelle gemachten Aussagen …«, »Inwiefern könnte man an den Feststellungen Kritik üben …«: Hier geht es um die Fähigkeit der kritischen Auseinandersetzung mit Sachverhalten. Dabei muss zunächst ein Verständnis der Thesen oder Feststellungen des Autors erarbeitet werden, bevor dann kritische Argumente an den Text herangebracht werden können. Im Sinne der Multikausalität und Multiperspektivität kommt es dabei auf eine möglichst facettenreiche Darlegung an. In diesem Zusammenhang ist es hilfreich, bewusst eine andere Perspektive einzunehmen (Perspektivenwechsel). Eine gute Vorbereitung hierfür ist die Lektüre wissenschaftlicher Kontroversen in der Sekundärliteratur.

»Beurteilen Sie …«, »Nehmen Sie Stellung …«, »Erörtern Sie kritisch …«: Dieser Fragetyp zielt wieder auf eine intensive geistige Auseinandersetzung mit dem Sachverhalt oder dem Material. Für eine angemessene Beurteilung müssen mindestens zwei Parteien oder Standpunkte heran-

gezogen werden. Erwartet wird hierbei nicht eine einseitige, moralisierende oder schwarz-weiß malende Stellungnahme, sondern eine differenzierte, möglichst viele unterschiedliche Gedanken aufgreifende Auseinandersetzung. Neben der Reflexion über die Werturteile gehört auch das Bedenken der Folgen und Konsequenzen des angesprochenen Sachverhaltes mit zur Beantwortung dieser Frage.

VI.5 Die Arbeit mit Zitaten

Da die Klausur meistens auch mindestens eine längere Textquelle enthält, müssen Sie Ihre Antwort belegen. Diese Belege sollen der vorgelegten Quelle in der Form von Zitaten entnommen werden. Hierbei werden häufig Fehler gemacht, die sich leicht vermeiden lassen:

- Ein Zitat darf nicht isoliert stehen, sondern muss als Beleg für die Argumentation dienen. Es darf deshalb nicht unkommentiert in die Darstellung eingebaut werden. Auf der anderen Seite muss das Zitat aber auch so wichtig und interessant sein, dass sich das Zitieren überhaupt lohnt. Die Auswahl des den erörterten Sachverhalt treffenden Zitats ist ein wichtiges Kriterium bei der Bewertung der Klausur. Möglich sind zwei Vorgehensweisen:
  1. Das Zitat wird in den Raum gestellt, dann erläutert und interpretiert.
  2. Zunächst wird ein Gedankengang entwickelt, dem das Zitat am Schluss als Beleg und »schlagender Beweis« beigefügt wird.
- Die Ausführungen dürfen nicht nur aus Zitaten bestehen. Bewertet wird die eigene geistige Leistung, nicht ein »Zitatenpotpourri«.
- Die Zitationsweise muss formal korrekt sein: Zitate werden in Anführungszeichen gesetzt und wortgetreu übernommen. Auslassungen von Worten und Satzteilen, die man vornimmt, weil sie für die Aussage des Zitats ohne Bedeutung sind, werden durch drei Punkte gekennzeichnet.

VI.6 Praktische Hinweise zum Schreiben der Klausur

- Um ein Gespür für den gedanklichen Aufbau der Klausur zu erhalten, lesen Sie zuerst die Materialien und alle Fragen aufmerksam durch. Achten Sie darauf, ob eine einzelne Frage mehrere Teilaufgaben enthält.

- Sinnvoll ist es, die Fragen in der vorgegebenen Reihenfolge zu beantworten, weil die Abfolge der Fragen auch eine »gedankliche Führung« bedeutet.
- Jede Frage muss für sich beantwortet werden, keinesfalls können zwei Fragen zu einer Antwort zusammengezogen werden. Zudem sollte auch nicht auf Ausführungen verwiesen werden, die im Zusammenhang mit der Beantwortung einer anderen Frage gemacht wurden. Der Gedankengang sollte vielmehr neu und auf die aktuelle Frage bezogen sein.
- Bei komplexeren Fragen ist es sinnvoll, sich in wenigen Minuten eine kleine »Rohgliederung« zu erstellen. Eine solche Gliederung ist ein gutes Hilfsmittel, um die Antwort logisch und klar aufzubauen. Während der Arbeit entstehende Einfälle sollten Sie am besten sofort auf einem Notizblatt festhalten.
- Wichtig ist auch, sich die Zeit einzuteilen (Wie viel Zeit pro Frage, wie viel zum Durchlesen?). Wenn noch Zeit bis zur Abgabe bleibt, dann ist es sinnvoll, kurz Pause zu machen und anschließend die Arbeit nochmals durchzulesen. Denken Sie auch an eine »Schlusskorrektur« für Rechtschreibung, Zeichensetzung und Satzbau. Auch »Formalia« gehen in die Note ein.
- Denken Sie daran, die Ausführungen anhand der vorgelegten Materialien (Quellen, Texte) zu belegen. Zugleich bringen Sie aber auch die im Unterricht erworbenen Kenntnisse ein. Die Bezugnahme auf eine im Unterricht behandelte Quelle oder auf einen dort durchgenommenen Textabschnitt aus der Sekundärliteratur wertet Ihre Ausführungen auf. Allerdings nur dann, wenn diese Bezugnahme eng mit der zu beantwortenden Frage in Verbindung steht und Ihre gedanklichen Ausführungen stützt. Hierbei kann freilich nicht wörtlich, sondern nur sinngemäß zitiert werden.
- Arbeiten Sie die vorgelegten Quellen und Materialien intensiv durch. Farbige Markierungen der Schlüsselstellen sind dabei sehr hilfreich.

VI.7 Die mündliche Prüfung

In der mündlichen Prüfung kommt es darauf an, sich »klar und hinlänglich differenziert auszudrücken und Überlegungen in gegliedertem Zusammenhang vorzutragen«. Sie sollten auch in der Lage sein, »auf Impulse einzugehen«, d. h. auf Zwischenfragen und weiterführende Fragen des Prüfers sachgerecht reagieren zu können. Ausgangspunkt einer mündlichen Prüfung ist eine begrenzte, schriftliche Aufgabe – bestehend aus Text- oder anderem Quellenmaterial und etwa drei Fragen. Dabei steht eine Vorbereitungszeit von ca. 15 bis 20 Minuten zur Verfügung, in der Sie sich Notizen für die Antworten machen können. Angesichts der begrenzten Zeit sollten Sie sich jedoch nur Stichpunkte aufschreiben.

Am Beginn der Prüfung müssen die schriftlichen Fragen möglichst inhaltsreich und klar beantwortet werden. Falls bei einer Frage Unklarheiten auftauchen, dann sollte man sofort nachfragen – am besten, indem man darlegt, wie man selbst die unklare Frage auffasst. Nachdem zu allen Fragen Ausführungen gemacht wurden oder auch schon nach der Beantwortung der ersten Frage wird der Prüfer ein Gespräch beginnen, in dem er nachhakt, sich Dinge erläutern lässt oder auch widerspricht. Ein solcher Widerspruch sollte nicht irritieren, er dient vielmehr dazu, den Prüfling aus der Reserve zu locken und ihn in eine argumentative Auseinandersetzung zu führen. Einem solchen kontroversen Gespräch standhalten zu können sichert ein gutes Abschneiden.

VII. Allgemeine Hinweise

- Hören Sie spätestens einen Tag vor dem Abitur auf zu lernen.
- Kommen Sie ausgeschlafen und ausgeruht zur Prüfung.
- Lassen Sie sich nicht von der Nervosität der Mitprüflinge anstecken.
- Vergessen Sie nicht, dass auch Lehrer und Schule daran interessiert sind, dass Sie die Prüfung bestehen.
- Sehen Sie der Prüfung nicht leichtsinnig, aber doch optimistisch entgegen.

Viel Glück und Erfolg!

Die Französische Revolution und die napoleonische Ära (1789–1815)

Mit der Französischen Revolution begann die Moderne in Europa. Ausgangspunkt dieses Epoche machenden Ereignisses war die **Krise des Ancien Régime,** des absolutistischen Frankreichs, Ende des 18. Jahrhunderts.

- Die Philosophie der **Aufklärung** zog die absolutistische Herrschaft des Königs in Zweifel. Sie formulierte den Gedanken der Gleichheit der bislang getrennten Stände und der durch Gewaltenteilung gewährleisteten politischen Freiheit. Flugschriften popularisierten diese Gedanken und forderten ein politisches Mitspracherecht des Dritten Standes, d.h. der bürgerlichen Schichten.
- Eine reich gewordene **bürgerliche Schicht von Kaufleuten und Juristen** erfuhr eine ständige Zurücksetzung gegenüber dem Adel, vor allem hinsichtlich der Höhe der Besteuerung. Da Adel und Klerus nur in geringem Umfang zur Finanzierung der Staatslasten beitrugen, stand Frankreich vor dem Staatsbankrott. Reformversuche des Königs scheiterten am Widerstand des Adels, der seine Privilegien nicht angetastet sehen wollte.
- Unmittelbare Auswirkungen hatte eine **Wirtschaftskrise,** die durch Missernten, Viehseuchen und die Konkurrenz englischer Textilwaren, deren Fertigung den Produkten des französischen vorindustriellen Manufaktursystems überlegen war, hervorgerufen worden war. Sie führte etwa ab 1780 zu sinkenden Löhnen und steigenden Nahrungsmittelpreisen und ließ die Unzufriedenheit der einfachen Schichten anwachsen.
- Schließlich hatte Frankreich durch den Verlust seiner nordamerikanischen Kolonien an Großbritannien im **britisch-französischen Kolonialkrieg 1755–1763,** der die Staatsfinanzen schwer belastet hatte, an außenpolitischer Bedeutung verloren.

1.1 Die Errichtung der konstitutionellen Monarchie

1789

Die Revolution des Bürgertums und der städtischen und bäuerlichen Massen

König LUDWIG XVI. versuchte, die Krise durch die **Eröffnung der Generalstände,** die er im Jahr zuvor einberufen hatte, zu beenden. Er gestand dem Dritten Stand, den Vertretern des Bürgertums, zwar eine Verdoppelung seiner Abgeordneten auf 600 Köpfe zu. Da aber nach Ständen abgestimmt werden sollte, konnten Klerus und Adel die politischen Aktionen der bürgerlichen Mitglieder verhindern. Dagegen protestierten die Abgeordneten des Dritten Standes, indem sie sich zur **Nationalversammlung** erklärten, mit dem Ziel, »das gemeinsame Werk der nationalen Neuordnung« in Angriff zu nehmen und mit dem Recht, »den Gesamtwillen der Nation auszudrücken und zu vertreten«.

5.5.

17.6.

Im **Ballhausschwur** bekräftigten die Abgeordneten ihren Willen, nicht auseinander zu gehen, bis die »Verfassung des Königreiches« errichtet sei. Damit schrieben sich die Abgeordneten des Dritten Standes, verstärkt durch einige Mitglieder aus den ersten beiden Ständen, die Souveränität im Staat zu und erklärten sich wenig später zur **Verfassunggebenden Nationalversammlung** (»Konstituante«).

20.6.

Als in Paris Gerüchte in Umlauf kamen, der König ziehe Truppen zusammen, um die Nationalversammlung aufzulösen, geriet **die hauptstädtische Bevölkerung** in Aufruhr und **stürmte die** vom König als Gefängnis genutzte **Bastille.** Nachdem sich auch das königliche Heer aufzulösen begann, musste LUDWIG XVI. die von der Nationalversammlung auf der Straße geschaffenen Fakten anerkennen.

14.7.

Auf dem Lande verbreitete sich bei den Bauern die Angst vor einem gegenrevolutionären Adelskomplott (sog. »Große Furcht«). Es kam zu Plünderungen und Zerstörungen von Herrensitzen des Adels, wobei die Bauern oft die Archive mit dem Nachweis ihrer feudalen Dienstpflichten und Abgaben in Brand setzten.

Die Gesellschaftsordnung des modernen Frankreich entsteht

Alarmiert durch das Vorgehen der Bauern **beschloss die Nationalversammlung, die feudalen Rechte** der adeligen Grundbesitzer gegenüber

4./5.8.

1789 den Bauern und die Privilegien von Adel und Geistlichkeit entschädigungslos **aufzuheben.**

Aufhebung der feudalen Leibeigenschaft
Aufhebung der adeligen Gerichtsbarkeit über die Bauern
Wegfall der adeligen Vorrechte und Steuerprivilegien
Aufhebung der Sondervorrechte der Provinzen und Städte
Abschaffung der Käuflichkeit der Ämter

»Sterbeurkunde« des Ancien Régime

26.8. Mit der **Erklärung der Menschen- und Bürgerrechte** vollendete die Nationalversammlung die **Begründung einer modernen bürgerlichen Gesellschaft** in Frankreich: Insbesondere mit der Zusicherung der Gleichheit vor dem Gesetz wurde die bisherige Privilegierung einzelner Stände aufgehoben. Zudem wurde erklärt, dass:

- alle Bürger Schutz vor willkürlichen Verhaftungen erhalten,
- der Zugang zu öffentlichen Ämtern nur von den Fähigkeiten und Leistungen abhängt,
- das Eigentum als »unverletzliches und geheiligtes Recht« garantiert ist und
- die Souveränität im Staat allein dem Volke zustehe; auch die Legitimität der königlichen Herrschaft ging demzufolge letztlich vom Volke aus.

Unter den Schlagworten »Liberté, Égalité, Fraternité« (Freiheit, Gleichheit, Brüderlichkeit) wurden die Menschenrechte ein zentrales Element innerhalb der Revolutionspropaganda. Sie sind bis heute ein Leitbild, an dem sich politische Systeme messen lassen müssen. Ausgeschlossen von den politischen Grundrechten blieben jedoch die
1791 Frauen.

20./21.6. Ein gescheiterter **Fluchtversuch des Königs in das Ausland,** um dort einen Stimmungsumschwung zugunsten des Ancien Régime herbeizuführen, verhinderte auch die letzte Möglichkeit eines Zusammenge-
14.9. hens mit der Nationalversammlung: **Ludwig XVI. musste den Eid auf die** wenige Tage vorher verkündete **Verfassung ablegen.** Sie war die
3.9. erste geschriebene und bürgerliche Verfassung, die in Europa in Kraft

trat. Nach dieser Verfassung war Frankreich eine **konstitutionelle Monarchie mit Gewaltenteilung.**

Die gesetzgebende Gewalt lag bei der Nationalversammlung, der König hatte die exekutive Gewalt inne und die Unabhängigkeit der richterlichen Gewalt war ausdrücklich festgeschrieben. Der König konnte zwar die Minister seiner Regierung selbst ernennen, diese waren aber wiederum der Nationalversammlung gegenüber verantwortlich. Der König hatte allerdings das Recht, gegen die von der Nationalversammlung beschlossenen Gesetze Einspruch zu erheben und damit ihre Verkündung aufzuschieben (suspensives Veto).

Ein Rückschritt gegenüber den erklärten Menschen- und Bürgerrechten stellte das nach dem Vermögen abgestufte **Zensuswahlrecht** dar. Man trennte dadurch die wahlberechtigten Aktivbürger, die bestimmte Mindeststeuern zahlten, von den Passivbürgern, die nicht wählen durften. Durch das nach der Steuerleistung gestaffelte Wahlrecht waren rund 70% der Männer über 25 Jahre stimmberechtigt, aber nur rund 1% konnte selbst zu Volksvertretern gewählt werden.

1.2 Ausrufung der Republik und »Konventsherrschaft«

1792

Um von den innenpolitischen Problemen abzulenken, aber auch aus Furcht vor der gegenrevolutionären Agitation der emigrierten Adeligen **erklärte die Nationalversammlung Österreich den Krieg.** Anfängliche Niederlagen des französischen Revolutionsheeres steigerten die Furcht vor der Konterrevolution. Als dann Preußen in den Krieg gegen Frankreich eintrat und Frankreichs Gegner erklärten, man wolle die Autorität des Königs wieder herstellen, **stürmten die Pariser Massen die Tuilerien,** den königlichen Palast. Die königliche Familie wurde verhaftet.

20.4.

10.8.

Das nach einem weitgehend allgemeinen Wahlrecht und nicht mehr nach dem Zensuswahlrecht gewählte neue Parlament, **der Nationalkonvent,** schaffte die Monarchie ab und **erklärte Frankreich zur Republik.**

21.9.

1793

Das **Todesurteil** und die **Hinrichtung Ludwigs XVI.** machten jede Verständigung mit den ausländischen monarchischen Mächten unmöglich; fast ganz Europa war nunmehr im Krieg gegen Frankreich begriffen.

17./21.1.

1.3 Die Radikalisierung der Revolution

1793 Im Nationalkonvent gewannen nun zunehmend die radikalen **Jakobiner** der sog. **Bergpartei** die Oberhand gegenüber den **Girondisten,** den Vertretern des gemäßigt-liberalen Bürgertums. Es kam schließlich zum 2.6. **Sturz der Girondisten** und zur Verhaftung ihrer politischen Führer. Nach Auffassung der radikalen Jakobiner sollte der Gleichheitsgedanke nicht nur durch die Gleichheit vor dem Gesetz, sondern auch durch die Herstellung einer umfassenden sozialen und wirtschaftlichen Gleichheit, verwirklicht werden. Daneben brachte die von den Jakobi- 23.8. nern eingeführte **»levée en masse«** die Überlegenheit der französischen Armee über die Söldnerheere der Kriegsgegner.

Ihre Vorstellungen setzte die Bergpartei nun zunehmend durch innenpolitischen Terror durch, die Menschenrechte und die demokratische Verfassung wurden praktisch außer Kraft gesetzt. Ein **Revolutionstribunal** (politischer Gerichtshof) verhängte gegen wirkliche und vermeintliche Regimegegner massenhaft die Todesstrafe, die durch die Guillotine vollstreckt wurde. Insgesamt wurden im ganzen Land ca. 17 000 Todesurteile verhängt.

Geleitet wurde die Politik in der Zeit der sog. Schreckensherrschaft durch den **Sicherheitsausschuss,** der die innere Sicherheit des Staates garantieren sollte, und den Wohlfahrtsausschuss, der als Exekutivorgan 1794 des Nationalkonvents bzw. als provisorische Regierung mit nahezu absoluter Vollmacht regierte. Die zentralen Personen im Wohlfahrtsaus- ab Juli schuss waren Georges Danton und **Maximilian Robespierre.**

5.4. Nach der Verhaftung und **Guillotinierung des gemäßigteren Danton** übte Robespierre eine fast unbeschränkte Diktatur aus. Der zunehmende Terror, welcher sich nun auch gegen die radikalen Parteigänger und die Konventsmitglieder selbst richtete, führte schließlich zur Entfremdung Robespierres von den hauptstädtischen revolutionären Massen, den **Sansculotten,** und den übrigen Mitgliedern der beiden Ausschüsse. Aus Furcht, selbst verhaftet zu werden, schlossen sich die 27./28.7. Ausschussmitglieder zusammen und leiteten den **Sturz Robespierres und dessen Hinrichtung** ein. Die Girondisten wurden wieder in den Konvent aufgenommen, die Terrorgesetze abgeschafft und das Revolutionstribunal aufgelöst; es kam jedoch zur Verfolgung der radikalen Jakobiner und der Sansculotten (sog. weißer Terror).

Die politischen Symbole der Französischen Revolution: Jakobinermütze mit Nationalkokarde; Pike als Waffe des Bürgers, insbesondere der Sansculotten; Standarten in der Farbe der Trikolore; Aufschrift: »Einheit und Unteilbarkeit der Republik. Freiheit, Gleichheit, Brüderlichkeit oder Tod«
(anonyme Radierung von 1793/94)

1.4 Die Zeit des Direktoriums und der Aufstieg Napoleons 1795

Nach dem Ende des Terrors übernahm die gemäßigte bürgerliche Mehrheit des Konvents erneut die Macht. Sie nahm eine **neue Verfassung** (23.9.) an, die mit Gewaltenteilung und einem Zweikammerparlament, das wieder durch ein indirektes Zensuswahlrecht gewählt wurde, den liberalen und besitzbürgerlichen Vorstellungen entsprach. Als Exekutivorgan diente ein fünfköpfiges Direktorium. Das Direktorium konnte aber die andauernde Instabilität in Frankreich nicht beenden (**Niederschlagung eines Aufstands der Royalisten** in Paris; Wirtschafts- (5.10.) und Finanzkrise) und stützte sich deshalb zunehmend auf die Armee.

1799

Da das Direktorium die Instabilität in Frankreich nicht beenden konnte, wurde bei der herrschenden Unzufriedenheit die Armee die stärkste Stütze der Regierung. Hier gelang es NAPOLEON BONAPARTE, der durch Eroberungen in Italien populär geworden war, das Direktorium durch einen **Staatsstreich** zu stürzen. (9./10.11.) Er trat als Erster Konsul an die Spitze einer Regierung und erklärte die Revolution für beendet.

1802 Mithilfe einer Volksabstimmung ließ sich NAPOLEON aber dann zunächst **zum Konsul auf Lebenszeit** ernennen und zog schließlich mit
1804 der Umwandlung Frankreichs in ein erbliches Kaiserreich und seiner **Selbstkrönung zum Kaiser der Franzosen** alle Macht an sich. Er setzte damit zwar die liberale Verfassung endgültig außer Kraft, zugleich sicherte er aber durch Staatsreformen wichtige Errungenschaften der Revolution und bot den Bürgern Ruhe, Ordnung und Sicherheit:

- Ein neues Gesetzbuch (der **Code civil**) schrieb unter anderem die Gleichheit vor dem Gesetz, die Freiheit der Person, des Gewissens und der wirtschaftlichen Betätigung sowie die Garantie des Eigentums fest.
- Die Verwaltung wurde modernisiert und zentralisiert. An der Spitze jedes Departements stand ein von der Regierung ernannter Präfekt, auch die Bürgermeister wurden nicht gewählt, sondern ernannt.
- Der inneren Aussöhnung diente es auch, dass NAPOLEON den adeligen Emigranten die Rückkehr nach Frankreich erlaubte. Bürgern, die ihren Besitz in der Revolutionszeit erworben hatten, beließ er allerdings ihr Eigentum.
- Bereits 1801 hatte er durch einen Vertrag mit dem Papst (Konkordat) Klerus und Katholiken an den Staat gebunden.

1.5 Von den Koalitionskriegen bis zur Abdankung Napoleons

Außenpolitisch versuchte NAPOLEON für Frankreich die **Vormachtstellung in Europa** (Hegemonie) zu erringen. Dem widersetzten sich die anderen europäischen Mächte, zum einen, weil ihre monarchischen Regierungen die Verbreitung der revolutionären Ideen fürchteten, zum anderen, weil die französische Expansion das besonders von Großbritannien vertretene Prinzip des **Gleichgewichts der Mächte** unter den
1792 bis 1809 europäischen Großmächten gefährdete. Die Führungsmächte des Widerstands gegen NAPOLEON in den sog. **Koalitionskriegen** waren Österreich, Großbritannien und später Russland. NAPOLEON gelang es jedoch, mit der Überlegenheit des in der Revolution geschaffenen, modernen Volksheers auf dem Schlachtfeld entscheidende Erfolge zu

erringen. Österreich wurde viermal besiegt. Als auch das zunächst neutrale Preußen in den Krieg gegen Frankreich eintrat, wurde es in der **Doppelschlacht bei Jena und Auerstedt** vernichtend geschlagen und musste im **Frieden von Tilsit** empfindliche Gebietsverluste hinnehmen. NAPOLEONS Erfolge führten auch zur Umgestaltung und letztendlichen **Auflösung des Alten Reichs** (**Errichtung des Rheinbundes;** vgl. S. 47–48). 1806 1807 1806

Allerdings konnte NAPOLEON weder Großbritannien noch Russland unterwerfen. Der Sieg der Briten in der **Seeschlacht bei Trafalgar** sicherte die weltweite britische Seeherrschaft und auch NAPOLEONS Versuch, Großbritannien durch eine Wirtschaftsblockade, die **Kontinentalsperre,** in die Knie zu zwingen, scheiterte. Als Russland, das sich zunächst an der Kontinentalsperre beteiligt hatte, diese aus wirtschaftlichen Gründen aufgab, antwortete NAPOLEON mit Krieg. Sein **Russlandfeldzug** scheiterte jedoch unter äußerst hohen Verlusten für die französische Armee. 1805 1812

In den darauf folgenden Befreiungskriegen (1813–15) besiegte ein Bündnis aus Russland, Großbritannien, Preußen und Österreich schließlich NAPOLEON (**Völkerschlacht von Leipzig,** Einzug der Verbündeten in Paris). Der französische Senat erklärte NAPOLEON schließlich für abgesetzt, **der Kaiser dankte ab.** Frankreich wurde unter dem Bourbonen LUDWIG XVIII. konstitutionelle Monarchie und kehrte – nach einem kurzen Intermezzo, als NAPOLEON von März bis Juni nochmals die Macht in Frankreich ergriff (**Herrschaft der Hundert Tage,** aber bei **Waterloo** erneut vernichtend geschlagen wurde) – in den Kreis der monarchischen Großmächte zurück. 1813 16.–19. 10. 1814 6. 4. 1815 18. 6.

1.6 Klausur mit Lösungen

Quelle 1

Protesterklärung des Pariser Parlaments aus dem Jahr 1776 gegen die Befreiung der Bauern von den Frondiensten für den Straßenbau:

»Majestät,
die französische Monarchie setzt sich ihrem Aufbau nach aus mehreren voneinander unterschiedenen und getrennten Ständen zusammen. Diese Unterscheidung von Lebensbedingungen und Menschen geht auf den Ursprung des Volkes zurück, sie ist mit seinen Lebensgewohnheiten entstanden (...).

In der Gesamtheit, die aus diesen verschiedenen Ständen gebildet wird, sind alle Menschen Ihres Königreiches Untertanen, alle sind verpflichtet, zu den Bedürfnissen des Staates beizutragen. Aber gerade in diesen Beiträgen erkennt man immer wieder die Ordnung und die allgemeine Harmonie. Der besondere Dienst der Geistlichkeit besteht darin, alle Aufgaben zu erfüllen, die sich auf den Unterricht und den religiösen Kultus beziehen und zur Tröstung der Unglücklichen durch ihre Almosen beitragen. Der Adelige weiht sein Blut der Verteidigung des Staates und hilft dem Herrscher mit seinen Ratschlägen. Die letzte Klasse des Volkes, die dem Staat nicht so hervorragende Dienste erweisen kann, leistet ihren Beitrag durch die Abgaben, durch Arbeitsamkeit und durch körperliche Dienste. Das ist, Majestät, das uralte Gesetz der Verpflichtungen und Pflichten Ihrer Untertanen. Obgleich alle in gleicher Weise treu und gehorsam sind, hat man ihre verschiedenen Lebensbedingungen nie miteinander vermischt, und die Natur ihrer Dienstleistungen hängt wesentlich von der ihres Standes ab.

Gemäß diesen Grundsätzen und diesen Beispielen bittet Ihr Parlament Ihre Majestät inständig, die Anwendung und die Folgen der Verordnung, die Sie an das Parlament gerichtet haben, zu überdenken.

Dadurch, dass die Verordnung die unterste Klasse der Bauern von den Frondiensten befreit, denen sie bisher unterworfen waren, überträgt sie diese Last auf die beiden anderen Stände des Staates, die dazu nie verpflichtet waren. Es gibt keinen Unterschied mehr zwischen allen Ihren Untertanen; der Adlige und der Geistliche werden zu Frondiensten verpflichtet, oder – was auf dasselbe hinauskommt – sie werden zur Zahlung der Steuer verpflichtet, die an die Stelle des Frondienstes treten soll. Hierbei handelt es sich keineswegs, Majestät, – wie man Ihnen darzustellen versucht hat – um einen Kampf der Reichen gegen die Armen. Es ist das eine politische Frage, und zwar eine der wichtigsten, da es darum geht, klarzustellen, ob alle Untertanen miteinander vermischt werden können und sollen, ob man aufhören muss anzuerkennen, dass es unter ihnen verschiedene Lebensbedingungen, Abstufungen, verbriefte Recht und Vorrechte gibt (...)«

(zitiert nach: Irmgard und Paul Hartig, Die Französische Revolution. Quellen zur Geschichte und Politik, Stuttgart 1984, 24 f.)

Aufgabe 1

a Inwiefern spiegelt der Text die Ideologie der alten Ständegesellschaft wider?

b Welche Rolle spielt das Parlament von Paris am Vorabend der Revolution und was bedeutet dies für die Monarchie?

c Nehmen Sie, von der Gedankenwelt der Aufklärung ausgehend, Stellung zu den Auffassungen des Textes!

Quelle 2

Petition von Gérard Le Normand an den Konvent vom 16. August 1793

»Gesetzgeber! Seit mehreren Jahren bin ich mit dem Unterricht der Jugend in Rouen beauftragt (...) Bürger Gesetzgeber, welcher Unterricht ist diesen jungen Schülern angemessen? Sicher duldet ihr nicht, dass die Lehrer ihre Schüler nur nach altgewohnten Büchern unterrichten, wie es jetzt üblich ist! Diese Bücher sind nicht nur schlecht, sie sind auch gefährlich, ja widernatürlich!

Die Unterrichtsräume der so genannten Armen- oder Almosenschulen, wie der gemeine, der aristokratische Ausdruck lautet, bestehen in Rouen aus baufälligen Baracken oder Hütten, die zum größten Teil auf dem alten Friedhof stehen, wo die Luft verpestet ist, während es in Rouen ein geräumiges Gymnasium gibt, wo sieben bis acht Professoren siebzig Schüler mit großem Aufwand unterrichten.

Gesetzgeber, kommt ungefähr viertausend Jungen und Mädchen und ebenso vielen Mädchen zur Hilfe, die in der Gemeinde Rouen ist mehreren Jahren der nötigen Erziehung beraubt sind, und zwar nicht durch die Schuld der städtischen Beamten, sondern aus Mangel an Geldmitteln. (...) Gebt die Anordnung, dass alles, was zum Lobpreis der Freiheit, der Gleichheit und der Vaterlandsliebe beschrieben worden ist, gedruckt und in einer neuen Fibel zusammengefasst wird, welche viel bessere Dienste leisten wird als die jetzt gebrauchten Schulbücher. (...)«

(zitiert nach: Ploetz, Die Französische Revolution, hrsg. von Rolf Reichardt, Würzburg 1988, S. 197)

Aufgabe 2

a Ordnen Sie den Verfasser in die ideologischen Strömungen der Französischen Revolution ein!

b Welche Möglichkeiten einer Beeinflussung der Öffentlichkeit zeigt der Text auf?

Lösungsvorschläge

Aufgabe 1

a Der Text begründet die Ständegesellschaft der französischen Monarchie, indem er auf das mittelalterliche Modell der verschiedenen Dienste, welche die Stände leisten, zurückgreift. Aufgrund der Ungleichheit der Stände seien auch die durch sie geleisteten Dienste von unterschiedlichem Wert. Die Bauern könnten demnach dem Staat »nicht so hervorragende Dienste erweisen« wie Klerus und Adel. Nach dem »uralten Gesetz« der Ständegesellschaft seien gerade die »körperlichen Dienste« Aufgabe der Bauern. Wenn nun der König die Bauern von einigen Frondiensten befreite und eine allgemeine Besteuerung einführte, würde damit nach Ansicht des Adels und der Geistlichkeit der gottgegebene Unterschied zwischen den Ständen aufgehoben. Um keine neuen steuerlichen Lasten tragen zu müssen, berufen sich die Mitglieder des Parlaments daher auf ihre »Abstufungen, verbriefte Rechte und Vorrechte«.

b — Die Hauptgruppen der absolutistischen Gesellschaft, Adel und Geistlichkeit, blockierten im Parlament jede Reform zur gerechteren Verteilung der Steuerlasten. Die Monarchie besaß daher nur einen geringen Handlungsspielraum für die dringend notwendigen Reformen zur Lösung der Finanz- und Staatskrise in Frankreich. Die Einberufung der Generalstände ist deshalb als Versuch des Königs zu werten, seinen politischen Handlungsspielraum zu erweitern.

c — Im Gegensatz zu der von der alten Ständegesellschaft vertretenen Vorstellung einer gottgegebenen Ungleichheit der Stände gingen die Aufklärer von der naturgegebenen Gleichheit aller Menschen aus. Daraus leiteten sie einen Anspruch auf persönliche Freiheit, Eigentum, Rechtsgleichheit und Selbstbestimmung für alle ab. Insofern ist die Auffassung des Pariser Parlaments von der Ungleichheit der Stände mit der aufklärerischen Gedankenwelt unvereinbar. Der Staat ist nach Ansicht der Aufklärer durch eine Vereinbarung freier Menschen, einen »Gesellschaftsvertrag«, entstanden. Der Herrscher regiere daher nicht aufgrund göttlicher Legitimation, sondern durch das ihm von den Regierten übertragene Herrschaftsrecht. Schon der englische Staatstheoretiker John Locke verstand diese Übertragung auch als widerrufbar, wenn der Herrscher seine Macht gegen die Untertanen missbrauche und damit den Staatszweck, den Schutz von Freiheit, Leben und Eigentum der Bürger, nicht erfülle.

Aufgabe 2

a — Der Verfasser der Petition, ein Elementarschullehrer in Rouen, ist der Partei der radikalen Jakobiner (»Bergpartei«) zuzurechnen, denn die Erziehung ist für ihn ein Mittel, soziale Gleichheit zu verwirklichen. Er kritisiert deshalb das Gymnasium, das er als Erziehungsanstalt der Elite betrachtet. Seine Forderung ist hingegen der materiell und inhaltlich angemessene Unterricht für Kinder aus der »einfachen Bevölkerung«. Le Normand erwartet zudem – ganz in der Tradition der Jakobiner –, dass der Staat das Geld für diese neue Erziehung zur Verfügung stellt (»Gesetzgeber, kommt (...) zu Hilfe«).

b — Le Normand thematisiert auch die Rolle der Unterrichtsmaterialien in der Elementarerziehung. Die »altgewohnten Bücher« seien unbrauchbar, weil sie den Kindern die Vorstellungen der alten Ständegesellschaft beibrächten. Der Verfasser fordert daher eine neue Fibel, welche den Schülern die Inhalte der Revolution, also Freiheit, Gleichheit, Brüderlichkeit und Vaterlandsliebe vermittle. Damit wird die Schule zu einem Instrument der republikanischen Staatsbürgererziehung. Eine ähnliche Funktion der propagandistischen Massenbeeinflussung hatten auch Flugblätter, Zeitschriften und Bildsymbole (Kokarde, Jakobinermütze, Freiheitsbaum; vgl. Abb. S. 41).

Kapitel 2

Die Auswirkungen der napoleonischen Herrschaft in Deutschland (1801–1815)

2.1 Die territoriale Umgestaltung Deutschlands bis zum Ende des Alten Reichs

Der Reichsdeputationshauptschluss

1801

NAPOLEON hatte im **Frieden von Lunéville** die linksrheinischen Gebiete Deutschlands für Frankreich erhalten. Um die großen Fürsten des Alten Reiches für ihre (linksrheinischen) Gebietsverluste zu entschädigen, erzwang NAPOLEON eine **territoriale Umgestaltung Deutschlands.** Auf seinen Druck hin legte ein vom Reichstag des Alten Reichs gebildeter Ausschuss im **Reichsdeputationshauptschluss** fest, dass alle geistlichen Fürstentümer **säkularisiert** (d.h. einer weltlichen Herrschaft zugeschlagen) und zusammen mit den vielen kleinen weltlichen Herrschaftsgebieten **mediatisiert** werden sollten. Alle diese Territorien wurden den großen Staaten Deutschlands einverleibt. Sie hörten auf, als eigenständige Staatsgebiete zu existieren, die nur den Kaiser als Oberherrn hatten. Im Verlauf dieses Prozesses wurden zudem zahlreiche Reichsstädte und die Reichsritter in die großen Territorien eingegliedert.

1803

Damit wurde die politische Landkarte des Alten Reiches radikal vereinfacht. Von den ehemals 300 selbstständigen Reichsständen blieben letztlich nur noch 41 Flächen- und Stadtstaaten übrig. Es entstanden leistungsfähige Staatsgebilde, die in ihrem Innern zu **Modernisierungsmaßnahmen** in der Lage waren. Die Hauptgewinner dieser territorialen Umgestaltung waren Preußen und die süddeutschen Mittelstaaten Baden, Württemberg und Bayern. Für NAPOLEON waren insbesondere diese süddeutschen Staaten wichtige Verbündete, die er deshalb bewusst stärkte.

Der Rheinbund und die Auflösung des Alten Reiches

16 süd- und westdeutsche Territorien, darunter Bayern, Württemberg und Baden, traten aus dem Reich aus und schlossen sich unter dem Protektorat (Schutzherrschaft) NAPOLEONS zum **Rheinbund** zusammen. Einerseits erhielten sie damit zwar völkerrechtlich die vollständige Souveränität, die NAPOLEON auch durch Rangerhöhungen verdeutlichte: Schon vorher wurden etwa Bayern und Württemberg zu Königreichen

1806

erhoben, Baden und Hessen-Darmstadt zu Großherzogtümern. Andererseits mussten die Rheinbundstaaten aber dem französischen Kaiser, der über Krieg und Frieden entschied, große Truppenkontingente stellen. Von großer Bedeutung ist, dass NAPOLEON in den Rheinbundstaaten Reformen anstieß, durch die das feudalständische System langsam aufgelöst wurde. Die Einführung von Rechtsgrundsätzen wie etwa der Freiheit der Person, der Gleichheit vor dem Gesetz und der Sicherheit des Eigentums, nach dem Muster des französischen Code civil, brachte wichtige Errungenschaften der Französischen Revolution auch nach Deutschland.

KAISER FRANZ II. musste schließlich auf ein Ultimatum NAPOLEONS hin
1806 die römisch-deutsche Kaiserwürde niederlegen. Das **Heilige Römische Reich Deutscher Nation** mit seiner fast tausendjährigen Geschichte **bestand nicht mehr.**

2.2 Die preußischen Reformen

Als das bis dahin neutrale Preußen ein Bündnis mit Russland und Sachsen einging und ultimativ den Abzug aller französischen Truppen rechts des Rheins und die Auflösung des Rheinbunds forderte, kam es zum Krieg zwischen Frankreich und Preußen. Dieser endete in der
1806 **Doppelschlacht von Jena und Auerstedt** mit einer vernichtenden Niederlage Preußens. Es wurde durch Truppen NAPOLEONS besetzt,
1807 verlor im **Frieden von Tilsit** rund die Hälfte seines Gebietes und seiner Bevölkerung und musste darüber hinaus hohe Kriegsentschädigungen zahlen. Preußen rang um sein Bestehen als eigenständiger Staat. Die Niederlage hatte gezeigt, dass Preußen mit seinen alten, noch absolutistischen Strukturen dem modernen Frankreich nicht mehr gewachsen war. Preußen vollzog nun in vielen Bereichen den revolutionären Umbruch in Frankreich nach, jedoch auf reformerischem Wege.

Die Staatsmänner, die diese Reformen hauptsächlich voranbrachten, waren Reichsfreiherr KARL VOM UND ZUM STEIN und Fürst KARL AUGUST VON HARDENBERG. Die Heeresreform wurde von GERHARD VON SCHARNHORST und AUGUST Graf NEIDHARDT VON GNEISENAU getragen.

Kernpunkte der preußischen Reformen

1807
- Das **Oktoberedikt zur Bauernbefreiung** schaffte die Erbuntertänigkeit der Bauern ab, gewährleistete die Freiheit der Person sowie des

Besitzes und garantierte Rechtsgleichheit. Das Motto lautete: »nach dem Martini-Tage 1810 giebt es nur freie Leute (...)«. Darüber hinaus erlaubte es allen Personen den freien Kauf und Verkauf von Grundbesitz. Die Hoffnung der Reformer war, dass der Einzelne für sich und damit auch für den Staat mehr erreichen konnte, wenn er seine Kräfte frei entfalten durfte.

- Als Reaktion auf die Niederlage des preußischen Heeres gegen NAPOLEON wurde ein Volksheer mit allgemeiner Wehrpflicht eingeführt. Durch diese **Heeresreform** konnten nun zudem auch Nichtadelige Offiziere werden (Beförderung nach Verdienst), und die entehrenden Prügelstrafen für Soldaten wurden abgeschafft. **1807 bis 1814**
- Die **Städteordnung** gab dem Bürgertum das Recht der Selbstverwaltung durch die Wahl von Stadtverordneten (sog. »Magistratsverfassung«). Wahlberechtigt waren aber nur die mit Besitz ausgestatteten Bürger. **1808**
- Mit der **Einführung der Gewerbefreiheit** wurden die Zünfte aufgehoben. Dadurch wurden ein freier wirtschaftlicher Wettbewerb und die freie Berufswahl ermöglicht. Bauernbefreiung und Gewerbefreiheit waren die wichtigsten Schritte zur Aufhebung der ständisch gebundenen Gesellschaftsform und zur Errichtung einer modernen bürgerlichen Leistungsgesellschaft, in der der Einzelne seine wirtschaftlichen Chancen frei nutzen konnte. **1810/1811**
- **Bildungsreformen:** WILHELM VON HUMBOLDT gründete die **Berliner Universität,** die frei über Forschung und Lehre bestimmen konnte und durch die Berufung bedeutender Wissenschaftler die Grundlagen einer intellektuellen Elite in Preußen legte. Die Berliner Universität wurde zum Modell für alle anderen Universitäten in Deutschland. Um die Vorbildung der Studenten zu verbessern, wurden auch die Gymnasien reformiert **(staatliche Gymnasialordnung),** das Staatsexamen für die Gymnasiallehrer und die staatliche Abiturprüfung eingeführt. Auch das Volksschulwesen wurde neu organisiert. **1810** **1812**

Die Reformen führten insgesamt zu einer **Modernisierung** und Leistungssteigerung **des preußischen Staates.** Nicht jede Maßnahme hatte freilich die gewollte Folge: So konnten manche der kleinen Bauern die Entschädigungssummen nicht aufbringen, die sie nach den Bestimmungen der **Regulierungsedikte** an ihre früheren Herren zur Ablösung **1811/1816** der bisherigen grundherrlichen Rechte zu bezahlen hatten, und sanken deshalb zum besitzlosen Proletariat hinab.

2.3 Revolution und Reform als Formen geschichtlichen Wandels

In der Französischen Revolution und den preußischen Reformen wurden zwei unterschiedliche Verlaufsformen des historischen Prozesses deutlich: In der **Revolution** vollzieht sich der geschichtliche Wandel in einer beschleunigten und oft gewaltsamen Art und Weise. Voraus geht meist eine krisenhafte Zuspitzung der gesellschaftlichen Konflikte. Die Revolution hebt das bisher geltende Gesellschafts- und Rechtssystem weitgehend auf, es kommt zum grundsätzlichen und abrupten Bruch zwischen der alten und der neuen Ordnung. Dabei findet in der Regel auch ein Austausch der herrschenden gesellschaftlichen und politischen Eliten statt.

Die **Reform** hingegen wahrt in gewissem Maße Kontinuitäten zwischen dem alten und dem neuen System. Der historische Wandel wird hier von der politischen und gesellschaftlichen Elite bzw. vom Staat selbst auf gesetzlichem Wege in Gang gebracht. Da die bisherigen Führungsgruppen zumindest teilweise an der Macht bleiben, verläuft die Systemveränderung bei der Reform oft weniger radikal und vollständig als bei einem revolutionären Umbruch.

2.4 Klausur mit Lösungen

F. A. L. von der Marwitz über Stein und das Edikt zur Bauernbefreiung 1807

»Er fing nun mit ihnen (...) die Revolutionierung des Vaterlandes an, den Krieg der Besitzlosen gegen das Eigentum, der Industrie gegen den Ackerbau, des Beweglichen gegen das Stabile, des krassen Materialismus gegen die von Gott eingeführte Ordnung, des (eingebildeten) Nutzens gegen das Recht, des Augenblicks gegen die Vergangenheit und Zukunft, des Individuums gegen die Familie, der Spekulanten und Comtoire gegen die Felder und Gewerbe, der Büros gegen aus der Geschichte des Landes hervorgegangene Verhältnisse, des Wissens und eingebildeten Talents gegen Tugend und ehrenwerten Charakter. Hiermit, als ob die bekriegten Kategorien, das Eigentum, der Ackerbau, die stabilen Verhältnisse, die alte Ordnung, das Recht, die Gemeinschaftlichkeit der Standesgenossen und das Prinzip der Tugend und der Ehre die Ursachen unseres Falles gewesen wären! (...)

(...) worüber die Ideologen und Philosophanten von der Garonne bis zum Niemen ein Loblied anstimmten und den Minister Stein verherrlichten – gleich als ob bis dahin irgendwo in unserem Lande Sklaverei oder Leibeigenschaft existiert hätte! – Letztere fing vielmehr alsbald zu entstehen an, nämlich Leibeigenschaft des kleinen Besitzers gegen den Gläubiger – des Armen und Kranken gegen die Polizei und Armenanstalten –, denn mit der Pflichtigkeit war natürlich die Verpflichtung des Schutzherrn zur Vorsorge aufgehoben.«

(zitiert nach: Werner Conze, Die preußische Reform unter Stein und Hardenberg, Stuttgart ³1980, S. 41 f.)

Aufgaben

a Welche Einstellung hat F. A. L. von der Marwitz zu der Bauernbefreiung und den preußischen Reformen?

b Widersprechen Sie anhand von zwei Argumenten der Position F. A. L. von der Marwitz'!

c Auf welche Gefahren weist der Autor hin? Erläutern Sie seine Sicht!

Lösungsvorschläge

a F. A. L. von der Marwitz lehnt als Adeliger, der von der bisherigen Bindung der Bauern an die adeligen Güter und von der bäuerlichen Dienstpflicht profitiert hat, die Reformen und insbesondere die Bauernbefreiung ab. Er interpretiert die Reformmaßnahmen als »Revolutionierung« gegen die »von Gott eingeführte Ordnung«. Als gottgegebene Ordnung, die er andernorts auch als die »alte Ordnung« bezeichnet, gilt ihm die vorrevolutionäre absolutistische Ständeordnung. Wichtig ist für den Autor auch die »Gemeinsamkeit der Standesgenossen«, d.h. des Adels, dessen Eigeninteressen und Bedeutung die Reformer schmälerten. An dem Umstand, dass F. A. L. von der Marwitz die Reform als »Krieg« gegen das »Eigentum« begreift, wird deutlich, dass er die Aufhebung der feudalen Dienstpflichten der Bauern als unrechtmäßige Beraubung des Adels ansieht.

b F. A. L. von der Marwitz lehnt es ab, »die Ursachen unseres Falles«, d.h. der preußischen Niederlage gegen Napoleon, auch in dem Modernisierungsrückstand Preußens zu suchen. Die Reformen waren notwendig gewesen, wenn Preußen als Staat überleben wollte. Auch die positiven wirtschaftlichen Auswirkungen der Gewerbefreiheit und der Bauernbefreiung für den preußischen Staat sind ein Argument gegen die Thesen des Autors. Der Adel selbst lernte zudem unter dem Modernisierungsdruck seine Güter besser zu bewirtschaften und die Erträge zu steigern, sodass seine ökonomische Stellung letztlich eher gestärkt wurde.

c In der Schlusspassage weist der Autor auf negative Folgen der Reformen hin. Die Reformer wollten die wirtschaftliche Tüchtigkeit des Einzelnen freisetzen, indem sie Beschränkungen beseitigten. Diese Beschränkungen gaben aber auch soziale Sicherheit und schützten, wie etwa die Zünfte, vor Konkurrenz. So ermöglichten die Reformen zwar dem wirtschaftlich Tüchtigen die freie Entfaltung, der Schwächere und Untüchtige kam aber zugleich »unter die Räder«, weil z.B. die Bauernbefreiung auch die Fürsorgepflicht der adeligen Grundbesitzer für ihre bislang dienstpflichtigen Bauern beseitigt hatte.

Deutschland zwischen Restauration und Revolution (1814/15–1848)

Die auf dem Wiener Kongress festgelegte politische Neuordnung veränderte die europäische Staatenwelt in innen- und außenpolitischer Hinsicht grundlegend. Im Widerstreit mit dem dabei angewandten konservativen Prinzip bildeten sich wichtige politische Ideensysteme, vor allem der moderne Nationalismus und der Liberalismus, heraus.

3.1 Der Wiener Kongress

1814/1815

Nach der Niederringung NAPOLEONS I. legten die Großmächte Österreich, Russland, Großbritannien und Preußen zusammen mit dem besiegten Frankreich auf dem **Wiener Kongress** die **Friedensordnung für Europa** fest. Da das Leitbild dabei die weitgehende Wiederherstellung der alten, vorrevolutionären Ordnung war, nennt man die Zeit nach 1815 auch das **Zeitalter der Restauration** (lat. restaurare »wieder herstellen«). Der Architekt dieser Neuordnung war der österreichische Außenminister und spätere Staatskanzler KLEMENS Fürst VON METTERNICH.

Restauration So weit möglich, Rückkehr zu den politischen Zuständen vor Beginn der Französischen Revolution. Die durch Säkularisierung und Mediatisierung hervorgerufenen Veränderungen in Deutschland bleiben jedoch erhalten.
Legitimität Rechtfertigung des dynastisch-monarchischen Herrschaftsrechts im Sinne des vorrevolutionären Ancien Régime. Ablehnung des Prinzips der Volkssouveränität.
Solidarität Gegenseitige Unterstützung legitimer Dynastien bei der Verteidigung der restaurativen Ordnung gegen revolutionäre Bewegungen.

Prinzipien der Neuordnung Europas nach 1815

Außenpolitisch waren die auf dem Wiener Kongress beschlossenen Regelungen durch das Prinzip des **Gleichgewichts der europäischen Großmächte** bestimmt.

Preußen vergrößerte sich erheblich und erhielt neben Teilen Sachsens umfangreiche Gebiete im Westen Deutschlands (Rheinland, Westfalen), die wegen ihres Wirtschaftspotenzials zur Überlegenheit Preußens im Deutschen Bund führen sollten. Es wuchs damit gleichsam »nach

Deutschland hinein«. Österreich verzichtete auf Vorderösterreich und die habsburgischen Niederlande (das spätere Belgien), erhielt dafür aber seine früheren Gebiete (z. B. Tirol, das Innviertel, Teile Oberitaliens, Galizien) zurück. Frankreich blieb als Großmacht in den Grenzen von 1792 erhalten. Russland erhielt »Kongresspolen« und wurde die führende Kontinentalmacht in Europa. Großbritannien stieg aufgrund seiner umfangreichen Kolonialgebiete zur unumstrittenen Weltmacht auf.

3.2 Der Deutsche Bund

Als Teil der Neuordnung Europas entstand auf dem Wiener Kongress der **Deutsche Bund,** ein Staatenbund 41 souveräner Einzelterritorien. Sein Zweck war die »Erhaltung der inneren und äußeren Sicherheit Deutschlands und der Unabhängigkeit und Unverletzbarkeit der einzelnen deutschen Staaten«. Der Deutsche Bund verfügte daher nicht über eine eigene Regierung oder eine demokratische Volksvertretung, sondern lediglich über einen ständigen Kongress der diplomatischen Gesandten der Mitgliedsstaaten in Frankfurt (**Bundestag** bzw. **Bundesversammlung**). Nach außen war er ein wenig handlungsfähiges Gebilde, das sich zwar mit einem Bundesheer verteidigen konnte, selbst aber nicht angriffsfähig war. Dies lag im Interesse der anderen europäischen Staaten und entsprach dem Prinzip des »Gleichgewichts der Mächte«. 1815

Den liberalen Forderungen der Zeit trug ein vages Versprechen Rechnung, in den Einzelstaaten **landständische Verfassungen** einzurichten. In der Folge wurden dann auch, zunächst in den süddeutschen Staaten, solche **konstitutionell-monarchischen Verfassungen** erlassen, in denen jedoch zum Schutz vor demokratischen Bestrebungen stets die Souveränität des Monarchen gewährleistet blieb (sog. monarchisches Prinzip). Eine wesentliche Aufgabe des Deutschen Bundes war damit die Bekämpfung liberaler, demokratischer und nationaler Bewegungen.

3.3 Politische Grundströmungen der Epoche

Konservativismus

Die Ordnung, die der Wiener Kongress in Europa und in Deutschland errichtete, entsprach dem konservativen Denken. Es war darauf gerichtet, das System der absolutistischen Monarchie aus der Zeit vor der Französischen Revolution wieder herzustellen. Anhänger der konservativen Weltanschauung, in der die politische Macht weiterhin als »von Gott gegeben« begründet wurde, waren der Adel, die Grundbesitzer und die Geistlichkeit.

Nationalbewegung

Nach diesem Denken ist eine Nation nur dann groß und bedeutend, wenn es ihr gelingt, einen eigenen Staat zu gründen. In der modernen europäischen Geschichte gibt es verschiedene Formen des nationalen Denkens:

In der Französischen Revolution hatten die Bürger ihre Nation als »politische Willensgemeinschaft« neu gegründet. Sie war demzufolge »eine Gesamtheit von vereinigten Individuen, die unter einem gemeinsamen Gesetz stehen und durch dieselbe gesetzgebende Versammlung vertreten sind«. Frankreich verstand sich damit als eine durch das politische Prinzip der Volkssouveränität begründete Staatsbürgergemeinschaft, eine **Staatsnation.**

Deutschland war demgegenüber in einzelne Staaten zersplittert. Als das gemeinsame Nationale erkannte man daher hier nicht die Zugehörigkeit der Bürger zu einem Staat, sondern die vorstaatliche Sprach- und Kulturgemeinschaft der Deutschen. Dieser Gemeinsamkeit wurde man sich besonders in der Abgrenzung von anderen Völkern bewusst. Nach der Erfahrung der napoleonischen Kriege erfolgte eine solche Abgrenzung vor allem gegenüber Frankreich. Die Zusammenfassung der **Kulturnation** in einem eigenen Einheitsstaat wurde auch von der deutschen Nationalbewegung angestrebt.

In Osteuropa entwickelte sich etwas später eine dritte Variante des nationalen Gedankens. Die dortigen Vielvölkerstaaten – etwa Russland oder die Habsburgermonarchie – wurden von den politisch nicht herrschenden nationalen Gruppen als »Völkergefängnisse« begriffen. Erst durch die Abspaltung vom Gesamtstaat sei deshalb für die eigene Nation die kulturelle und politisch-staatliche Freiheit erreichbar. Beispiele hierfür sind die nach dem Ersten Weltkrieg erfolgten Staatsbildungen Polens oder der Tschechoslowakei.

Liberale und demokratische Bewegung

Neben und oft verbunden mit dem nationalen Gedanken setzten sich in dieser Zeit in den gebildeten bürgerlichen Schichten Deutschlands der **Liberalismus** und die **demokratische Bewegung** als politische Ideen durch. Liberale und Demokraten griffen in jeweils unterschiedlicher Intensität Gedanken der Französischen Revolution auf und stellten sich damit gegen das im metternichschen System zum Ausdruck kommende konservative (restaurative) Denken.

Der Kern des liberalen Denkens war der Wunsch nach Freiheit (daher die Bezeichnung Liberalismus, von lat. libertas »Freiheit«). Das politische Leben sollte aber nur allmählich, durch **Reformen** in diese Richtung entwickelt werden. Die Mehrzahl der Liberalen lehnte deshalb die Revolution als Mittel der politischen Umgestaltung ab und plädierte für eine Kooperation mit dem monarchischen Staat im Sinne der **konstitutionellen Monarchie.** Die Demokraten hingegen forderten die notfalls auch auf revolutionärem Wege durchzuführende Beseitigung der Monarchien und die Herstellung einer **republikanischen Verfassung.**

Unter Freiheit verstand man zunächst die Freiheit des einzelnen, mündigen Menschen von allen staatlichen Einschränkungen und Bevormundungen. Deshalb wurden die individuellen Grundrechte, wie etwa Glaubens- und Religionsfreiheit, Rechtsgleichheit, Schutz vor willkürlicher Verhaftung, betont. Der Staat musste sich als Rechtsstaat bewähren und sollte über eine geschriebene Verfassung verfügen, die durch die darin festgelegte Gewaltenteilung die Staatsmacht kontrollieren und begrenzen kann. Wichtig war den Liberalen und Demokraten auch die Gewährleistung der Versammlungs- und Pressefreiheit, durch die eine öffentliche politische Diskussion möglich wird. Die Bürger sollten durch Abgeordnete zumindest an der Gesetzgebung mitwirken, nach Vorstellung der Demokraten sogar alleiniger Souverän sein.

Das liberale Gedankengut wurde vor allem von den besitzenden Bürgern vertreten, die sich durch eigene Leistung ihr Vermögen erworben hatten. Auch im wirtschaftlichen Leben sollte sich der mündige Bürger bewähren können, ohne staatliche Gängelung befürchten zu müssen **(Wirtschaftsliberalismus).**

3.4 Wichtige politische Ereignisse der Zeit

Der Konflikt zwischen dem konservativen Denken und den nationalen und liberalen Ideen spiegelte sich in bedeutenden Ereignissen dieser Epoche wider:

- 1817 Etwa 500 Studenten feierten auf der Wartburg bei Eisenach die Reformation LUTHERS **(Wartburgfest)** als religiöse und die Völkerschlacht bei Leipzig 1813 mit dem Sieg über NAPOLEON als politische Befreiung der deutschen Nation. Politisches Ziel der in dieser Zeit entstehenden **Burschenschaften** der Studenten war die staatliche Einheit Deutschlands.
- 1819 Das **Attentat** des Studenten KARL LUDWIG SAND **auf den Schriftsteller August von Kotzebue,** der dem russischen Zaren Geheimberichte über die deutschen Universitäten lieferte, führte zu den **Karlsbader Beschlüssen.** Damit begann der Deutsche Bund die planmäßige Verfolgung der national orientierten Studentenbewegung und der liberalen und demokratischen Strömungen im Allgemeinen (sog. **Demagogenverfolgung**). Die Burschenschaften wurden verboten, die Universitäten überwacht und reglementiert. Eine Pressezensur sollte die Verbreitung liberaler Gedanken verhindern.
- Auch Frankreich erlebte in dieser Zeit eine Phase der Restauration. Die 1814 von LUDWIG XVIII. einseitig erlassene Verfassung, die »Charte Constitutionelle«, sicherte dem Monarchen zwar den entscheidenden Einfluss im Staat, band ihn aber immerhin bei der Gesetzgebung und Steuererhebung an die Zustimmung eines Zweikammerparlaments und garantierte die wichtigsten Grundrechte. Als sein konservativer Nachfolger KARL X. wichtige Bestimmungen dieser Verfassung aufheben wollte, antwortete die Bevölkerung
1830 von Paris 1830 in einem mehrtägigen Aufstand **(Julirevolution).** Als Ergebnis bestieg der liberale **Herzog LOUIS PHILIPPE VON ORLÉANS** als **neuer König** den Thron (sog. Bürgerkönig). Er legte einen Eid auf eine revidierte Verfassung ab, die den Abgeordneten und Bürgern deutlich mehr Rechte gab.
- Die revolutionären Ereignisse in Frankreich hatten Auswirkungen auf ganz Europa. Der katholische Süden des 1815 geschaffenen Königreichs der Vereinigten Niederlande spaltete sich in einer Revolution ab und erklärte sich als **Königreich Belgien** für **unabhängig.** In **Polen** kam es 1830/31 zu einem blutig niedergeschlagenen **nationalen Aufstand** gegen die russische Herrschaft.
- Durch die Julirevolution in Frankreich beeinflusst, kam es in Hambach in der Pfalz, damals zum Königreich Bayern gehörig, zu einer

Volksversammlung mit rund 30 000 Teilnehmern **(Hambacher Fest).** Dieser erstmalige öffentliche Massenprotest der Opposition in Deutschland zeigte das gewachsene Gewicht der liberalen, demokratischen und nationalen Bewegung. Die Publizisten PHILIPP JAKOB SIEBENPFEIFFER und JOHANN GEORG AUGUST WIRTH sprachen in ihren Reden die Forderungen dieser Bewegungen deutlich aus und wurden von den konservativen Regierungen des Deutschen Bundes, insbesondere von Österreich, als revolutionäre Gefahr betrachtet. Als Reaktion auf das Hambacher Fest wurde die Überwachung des öffentlichen Lebens und der Universitäten weiter verstärkt. 1832

- Mit der **Gründung des Deutschen Zollvereins** wurde auf wirtschaftlichem Gebiet der Grundstein für einen **einheitlichen deutschen Binnenmarkt** hergestellt und damit eine wichtige Voraussetzung für die beginnende Industrialisierung Deutschlands geschaffen. Der Zollverein war vor allem auf Initiative Preußens entstanden, weil es seine beiden getrennten Staatsteile im Osten und Westen Deutschlands wirtschaftlich zusammenbinden wollte und deshalb an der Beseitigung der Zollschranken der dazwischen liegenden Staaten interessiert war. Nach und nach traten alle deutschen Staaten dem Zollverein bei, außer Österreich, das damit an den Rand des neu entstehenden deutschen Wirtschaftsraumes gedrängt wurde. Für Preußen, das im Zollverein die ökonomisch dominierende Macht war, bedeutete der Zollzusammenschluss auch eine Stärkung seines politischen Einflusses in Deutschland. 1834

3.5 Klausur mit Lösungen

Philipp Jakob Siebenpfeiffer, Rede auf dem Hambacher Fest (1832):

»Wir widmen unser Leben der Wissenschaft und der Kunst, wir messen die Sterne, prüfen Mond und Sonne, wir stellen Gott und Mensch, Höll' und Himmel in poetischen Bildern dar, wir durchwühlen die Körper- und Geisteswelt: aber die Regungen der Vaterlandsliebe sind uns unbekannt, die Erforschung dessen, was dem Vaterlande Not tut, ist Hochverrat, selbst der leise Wunsch, nur erst wieder ein Vaterland, eine freimenschliche Heimat zu erstreben, ist Verbrechen. Wir helfen Griechenland befreien vom türkischen Joche, wir trinken auf Polens Wiedererstehung, wir zürnen, wenn der Despotismus der Könige den Schwung der Völker in Spanien, in Italien, in Frankreich lahmt, wir blicken ängstlich nach der Reformbill Englands, wir preisen die Kraft und die Weisheit des Sultans, der sich mit der Wiedergeburt seiner Völker beschäftigt, wir beneiden den Nordamerikaner um sein glückliches Los, das er sich mutvoll selbst erschaffen: aber knechtisch beugen wir den Nacken unter das Joch der eigenen Dränger (...).

Es wird kommen der Tag, der Tag des edelsten Siegstolzes, wo der Deutsche vom Alpengebirge und der Nordsee, vom Rhein, der Donau und der Elbe den Bruder im Bruder umarmt, wo die Zollstöcke und die Schlagbäume, wo alle Hoheitszeichen der Trennung und Hemmung und Bedrückung verschwinden samt den Konstitutiönchen, die man etlichen mürrischen Kindern der großen Familie als Spielzeug verlieh; wo freie Straßen und freie Ströme den freien Umschwung aller Nationalkräfte und -säfte bezeugen; wo die Fürsten die bunten Hermeline feudalistischer Gottstatthalterschaft mit der männlichen Toga deutscher Nationalwürde vertauschen und der Beamte, der Krieger, statt mit der Bedientenjacke des Herrn und Meisters, mit der Volksbinde sich schmückt; wo nicht Städte und Städtlein, von 34 Höfen das Almosen empfangend, um den Preis hündischer Unterwerfung, sondern wo alle Städte, frei emporblühend aus eigenem Saft, um den Preis patriotischer Tat ringen; wo jeder Stamm, im Innern frei und selbstständig, zu bürgerlicher Freiheit sich entwickelt und ein starkes, selbst gewobenes Bruderband alle umschließt zu politischer Einheit und Kraft; wo die deutsche Flagge, statt Tribut an Barbaren zu bringen, die Erzeugnisse unseres Gewerbefleißes in fremde Weltteile geleitet und nicht mehr unschuldige Patrioten für das Henkerbeil auffängt, sondern allen freien Völkern den Bruderkuss bringt. (...)

Ja, er wird kommen, der Tag, wo ein gemeinsames deutsches Vaterland sich erhebt, das alle Söhne als Bürger begrüßt und alle Bürger mit gleicher Liebe, mit gleichem Schutz umfasst; wo die erhabene Germania dasteht auf dem erzenen Piedestal der Freiheit und des Rechts, in der einen Hand die Fackel der Aufklärung, welche zivilisierend hinausleuchtet in die fernsten Winkel der Erde, in der anderen die Waage des Schiedsrichteramtes, streitenden Völkern das selbst erbetene Gesetz des Friedens spendend, jenen Völkern, von welchen wir jetzt das Gesetz der Gewalt und den 35 Fußtritt höhnender Verachtung empfangen. (...)

Es lebe das freie, einige Deutschland!

Hoch leben die Polen, der Deutschen Verbündete!

Hoch leben die Franken, der Deutschen Brüder, die unsere Nationalität und Selbstständigkeit achten!

Hoch lebe jedes Volk, das seine Ketten bricht und mit uns den Bund der Freiheit schwört!

Vaterland – Volkshoheit – Völkerbund hoch!«

(zitiert nach: Liberalismus und Demokratie im 19. Jahrhundert, bearb. von W. Grüttner und G. Lottes, 1981, S. 60 f.)

Aufgaben

a In welcher Weise spiegeln sich die politischen Ideen des 19. Jahrhunderts in dieser Rede wider? Belegen Sie Ihre Ausführungen am Text!

b Warum wurden diese Ausführungen vom damaligen konservativen Denken geradezu als Hochverrat betrachtet?

b Wo weicht die Rede von den herkömmlichen Inhalten nationalen Denkens ab?

Lösungsvorschläge

a Der Text spiegelt deutlich die Ideen der Nationalbewegung wider. Die nationale Einheit Deutschlands ist ein Ziel, das man inbrünstig herbeisehnt als den »Tag des edelsten Siegstolzes«, an dem man nicht mehr andere Völker um ihr »glückliches Los« »beneiden« müsse. Die zentrale Bedeutung des Nationalgedankens zeigt auch die intensive Beschäftigung SIEBENPFEIFFERS mit den damaligen nationalen Befreiungskämpfen im Ausland (»wir trinken auf Polens Wiedererstehung«). Das Kennzeichen der nationalen Einheit ist, dass alle Formen der Trennung verschwinden und die Deutschen sich gegenseitig als Brüder begreifen (»den Bruder im Bruder umarmt«). Der deutsche Nationalstaat habe dann zudem das Potenzial, deutsche Interessen im Ausland zu schützen »statt Tribut an Barbaren zu bringen«. Im Inneren rängen die Bürger »um den Preis patriotischer Tat«, anderen Völkern könne Deutschland Zivilisation und Aufklärung bringen.
Auch liberales Gedankengut findet sich an zahlreichen Stellen. Der Wunsch SIEBENPFEIFFERS nach einer demokratischen, die Rechte der Bürger wirklich sichernden Verfassung zeigt sich in der spöttischen Ablehnung der in verschiedenen Staaten des Deutschen Bundes erlassenen landständischen »Konstitutiönchen« sowie in der Ermahnung an die Fürsten, die Idee der Legitimation ihrer Herrschaft durch das Gottesgnadentum aufzugeben (»feudalistische Gottstatthalterschaft«). Die Forderung nach politischer Mitwirkung der Bürger am Staat wird auch in dem Schlussaufruf »(...) Volkshoheit (...) hoch!« deutlich.

b Vertreter des konservativen Denkens müssen die Forderungen SIEBENPFEIFFERS ablehnen: Der Ruf nach Volkssouveränität berührt die souveräne Stellung der Monarchen im Inneren der deutschen Staaten, die ja der Deutsche Bund sichern sollte. Der Appell, einen nationalen deutschen Einheitsstaat zu errichten, greift auch die äußere Souveränität der Einzelstaaten an. SIEBENPFEIFFERS Forderung nach Freiheit der öffentlichen politischen Diskussion untergräbt die zur Erhaltung des restaurativen Systems durchgeführte politische Kontrolle und Bevormundung der »Untertanen«. Insofern ist es folgerichtig, dass vor allem METTERNICH als Architekt dieses restaurativen Systems die Bestrafung der Redner des Hambacher Festes durchgesetzt hat.

c SIEBENPFEIFFER vertritt zwar den nationalen Gedanken, ist aber gleichzeitig von den Ideen der Aufklärung beeinflusst, die das Konzept des »Weltbürgertums« kannte. Der Stolz auf die eigene Nation hindert ihn daher nicht, andere nationale Bewegungen als berechtigt anzuerkennen (»Hoch lebe jedes Volk, das seine Ketten bricht«). Selbst auf die Franzosen führt er einen Trinkspruch aus. Gerade Letzteres ist für den deutschen Nationalismus, der sich in Abgrenzung gegen Frankreich entwickelte, untypisch.

Die Revolution von 1848/49

4.1 Voraussetzungen und Beginn

1848 Signalwirkung für den Ausbruch der Unruhen in Deutschland hatte die **republikanische Revolution in Frankreich** gegen den »Bürgerkönig« LOUIS PHILIPPE, die in Deutschland auf die seit langem in breiten bürgerlichen Kreisen wirksamen Gedanken des Liberalismus und der Nationalbewegung traf. Hinzu kamen als langfristige Ursachen Missernten sowie die durch Agrarreformen und Frühindustrialisierung ausgelösten Strukturprobleme, die zum Anwachsen besitzloser, verarmter Schichten führten **(Pauperismus).**

Angespornt durch die Vorgänge in Paris, kam es in vielen deutschen Städten zu Volksversammlungen, auf denen liberale Forderungen, die so genannten **Märzforderungen,** an die jeweiligen Regierungen gerichtet wurden:

- gesamtnationale Volksvertretung,
- Wahlrechtsreform für die einzelstaatlichen Landtage,
- Presse- und Versammlungsfreiheit,
- Schwurgerichte und
- Volksbewaffnung.

13. 3. Die Fürsten vieler deutscher Staaten gaben nach und ernannten liberale »Märzministerien«. In **Wien** brachen **revolutionäre Unruhen** aus,
18. 3. und auch in **Berlin** kam es zu einem **Barrikadenaufstand.** Der preußische König FRIEDRICH WILHELM IV. musste sich daraufhin wichtigen Forderungen der Revolution beugen und eine liberale Regierung einberufen. Da entsprechend den »Märzforderungen« zahlreiche Unterdrückungsgesetze des Deutschen Bundes aufgehoben wurden, entstanden erstmals eine freie Presse sowie zahlreiche politische Vereine und Interessenverbände, also eine gesamtdeutsche Öffentlichkeit.

4.2 Die Frankfurter Nationalversammlung

31. 3./4. 4. Ein **Vorparlament** aus Politikern und Parlamentariern der einzelstaatlichen Landtage beschloss in Frankfurt die Einberufung einer **Verfassunggebenden Nationalversammlung,** die nach dem – nur für Männer gültigen – allgemeinen und gleichen Wahlrecht gewählt werden sollte. Im Mai wurden 586 Abgeordnete, überwiegend angese-

hene Vertreter des liberalen Bildungsbürgertums, gewählt und traten als **Verfassunggebende Nationalversammlung** in der Frankfurter Paulskirche zusammen. 18. 5.

Schnell bildeten sich im Frankfurter Parlament »Fraktionen«, die durch gemeinsame Grundüberzeugungen bestimmt waren. Hier liegen die Anfänge des modernen deutschen Parteienwesens:

Demokratische Linke	Liberale Mitte	Konservative Rechte
Wünschte einen deutschen Einheitsstaat mit starker Zentralgewalt, letztlich eher eine **Republik** als eine Monarchie. Die Regierung sollte allein dem Parlament gegenüber verantwortlich sein. Die Demokraten forderten ein allgemeines und gleiches Wahlrecht für alle.	Zahlenmäßig stärkste Abgeordnetengruppe. Vertrat das Modell einer **konstitutionellen Monarchie** in einem starken Bundesstaat. Die Kompetenz des Parlaments sollte sich auf die Gesetzgebung beschränken. Umstritten war der Wahlrechtsmodus: Manche Liberale forderten ein allgemeines und gleiches Wahlrecht, andere wollten es an Besitz koppeln.	Forderte die Beibehaltung der rein **monarchischen Regierungsform** und der einzelstaatlichen Gliederung Deutschlands, also einen schwachen, föderativ ausgelegten Gesamtstaat.

Die politischen Gruppierungen in der Frankfurter Nationalversammlung

Auf Vorschlag des Parlamentspräsidenten HEINRICH VON GAGERN wählte die Paulskirche Erzherzog **Johann von Österreich** zum **Reichsverweser** und setzte damit eine provisorische Zentralgewalt ein. Da ihr die Anerkennung durch die deutschen Einzelstaaten sowie eigene Truppen, Einnahmen und ein Verwaltungsapparat fehlten, blieb diese provisorische Zentralgewalt jedoch weitgehend einflusslos. 29. 6.

4.3 Die politische Arbeit des Paulskirchenparlaments

Die wichtigste Aufgabe des Parlamentes bestand darin, einen deutschen Nationalstaat zu errichten und ihm eine Verfassung zu geben.

Grundrechte

Zunächst entwarf und verabschiedete die Versammlung die **Grundrechte des deutschen Volkes.** Der von der Nationalversammlung ausgearbeitete Grundrechtskatalog wurde zum Vorbild für die späteren deutschen Verfassungen. Er beinhaltete die endgültige Aufhebung des Feudalsystems mit seinen Sonderrechten und Eigentumsbindungen, die Aufhebung aller Standesunterschiede und damit auch des Adels als Stand, die vollständige Freiheit des Eigentums und die freie Zugänglichkeit zu allen Ämtern nach Befähigung. Des Weiteren wurden die 20. 12.

Freiheits- und Schutzrechte ausgeweitet: Dazu gehörten die Glaubens- und Gewissensfreiheit, die Versammlungs-, Vereinigungs- und Pressefreiheit, die Unverletzlichkeit der Person, der Schutz vor willkürlicher Verhaftung sowie die Öffentlichkeit und Mündlichkeit der Gerichtsverfahren.

Die Grenzen des deutschen Nationalstaats

Weit schwieriger als die Definition der Grundrechte erwies sich die Festlegung des Staatsaufbaus des zukünftigen deutschen Nationalstaates. Dies betraf zum einen seine geographischen Grenzen:

Die Diskussion über die Grenzen des deutschen Nationalstaats

1848 Im Herbst 1848 beschloss die Paulskirche zunächst die **großdeutsche**
27.10. **Lösung:** Österreich lehnte dies ab, weil damit seine außerdeutschen Gebiete nur in Personalunion mit dem österreichischen Kaisertum verbunden geblieben wären, was auf Dauer zur Auflösung des Habsburgerreiches geführt hätte. Es forderte vielmehr die **großösterreichische Lösung.**

1849 Die Paulskirchenversammlung entschied sich jedoch daraufhin für die **kleindeutsche Lösung,** die die Führungsrolle Preußens in dem künftigen deutschen Nationalstaat festschrieb. Auf der Grundlage dieser Verfassung wählte die Nationalversammlung **Friedrich Wilhelm IV.** von
28.3. Preußen zum erblichen **deutschen Kaiser.**

Wahl- oder Erbkaisertum

Umstritten war zum anderen die politische Struktur des zukünftigen deutschen Nationalstaates. Da die gemäßigt liberale Mehrheit des Parlaments auf die Mitwirkung der einzelnen deutschen Fürsten bei der

Errichtung des Nationalstaates setzte, war es klar, dass dieser keine Republik, sondern eine Monarchie sein sollte. Die Frage, ob die Souveränität letztlich beim Monarchen oder beim Volk liegen sollte, ist in der Paulskirche nie entschieden worden.

Die gemäßigte Linke der Demokraten und die Liberalen hatten im März 1849 für ein **Erbkaisertum** gestimmt und damit auf ein Wahlkaisertum verzichtet, das die Rolle des Parlamentes und des Volkes stärker betont hätte. Als Preis für das Einlenken der Demokraten in der Kaiserfrage hatten die Liberalen der demokratischen Forderung nach Einführung des **allgemeinen, gleichen, geheimen und direkten Wahlrechts** für alle deutschen Männer ab 25 Jahren nachgegeben.

4.4 Die Reichsverfassung der Frankfurter Nationalversammlung

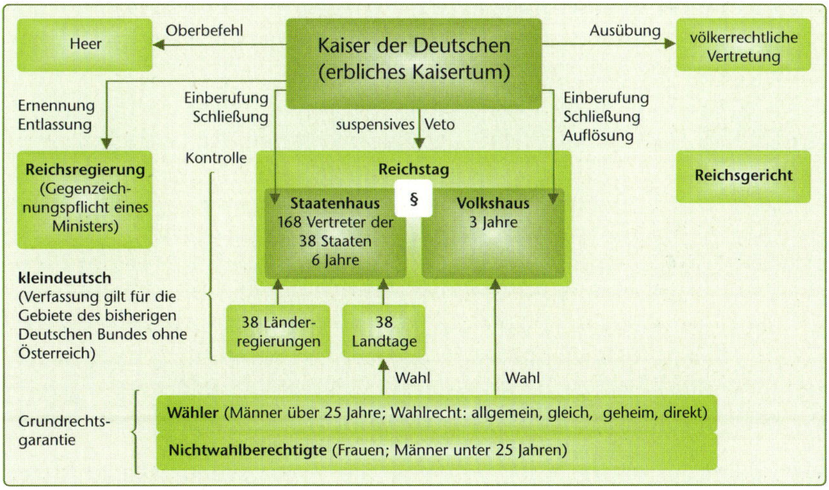

Die Reichsverfassung der Frankfurter Nationalversammlung von 1849

Den **unitarischen Aspekt** des zukünftigen deutschen Nationalstaates sollte zum einen das sog. »Volkshaus«, die zweite Kammer des Parlaments, gewährleisten, die aus der direkten Wahl durch alle wahlberechtigten Staatsbürger hervorgehen sollte. Zum anderen sollte die Reichsregierung die alleinige Zuständigkeit für die Außen- und Wirtschaftspolitik erhalten. Ein einheitliches Reichsrecht stand über dem Recht der einzelnen Länder.

Den **föderativen Aspekt** sollte der Fortbestand der deutschen Einzelstaaten und das sog. Staatenhaus, die erste Kammer des Parlaments, gewährleisten, in der die Vertreter dieser 38 Einzelstaaten (kleindeutsche Lösung) repräsentiert waren. Beide Kammern zusammen bildeten den Reichstag.

Das **monarchische Prinzip** blieb erhalten, weil der Kaiser der eigentliche Träger der Reichsexekutive war. Die Verfassung stattete ihn mit einer großen Machtfülle gegenüber Parlament und Regierung aus: suspensives Veto gegen Gesetze, Ernennung und Entlassung der Regierung, Einberufung und Auflösung des Volkshauses, Oberbefehl über das Militär und völkerrechtliche Vertretung des Reichs nach außen.

Das **demokratische Prinzip** wurde durch das allgemeine und gleiche Wahlrecht, die Gesetzgebungskompetenz und insbesondere das Haushaltsrecht des Parlamentes sowie den Grundrechtskatalog der Verfassung garantiert. Regierungshandlungen des Kaisers bedurften der Gegenzeichnung eines Reichsministers, der wiederum dem Parlament gegenüber verantwortlich war (sog. **Ministerverantwortlichkeit**).

1849

4.5 Das Scheitern der Revolution und seine Auswirkungen

27./28. 3. Die **von der Paulskirche** verabschiedete und **verkündete Reichsverfassung** trat nie in Kraft, da der preußische König **Friedrich Wilhelm IV.** die
3. 4. ihm von der Nationalversammlung angebotene **Kaiserkrone** als »imaginären Reif, aus Dreck und Letten gebacken«, **ablehnte** und die bedeutendsten deutschen Staaten (Österreich, Preußen, Hannover, Bayern) die Reichsverfassung nicht anerkannten.

Nachdem die österreichischen und die preußischen Abgeordneten durch ihre Regierungen aus der Nationalversammlung abberufen worden waren, wich ein aus der linken Mehrheit der National-
30. 5. versammlung bestehendes **»Rumpfparlament«** von Frankfurt **nach Stuttgart** aus, wurde aber durch württembergische Truppen **gewaltsam**
18. 6. **aufgelöst.**

In Sachsen, der bayerischen Pfalz und vor allem im Großherzogtum Baden kam es in der Folge zu radikalen Volkserhebungen (sog. Reichsverfassungskampagne), in denen die demokratische Bewegung versuchte, die Anerkennung der Verfassung auf revolutionärem Wege durchzusetzen. Die Aufstände wurden jedoch unter Mitwirkung preußischer Truppen niedergeworfen, die **letzten revolutionären Truppen kapitulierten** in der Festung Rastatt. Es kam zu zahlreichen Erschießungen aufgrund von Standgerichtsurteilen. 23.7.

Trotz des Scheiterns der Revolution hatte sich der Gedanke der deutschen Einheit auf der Basis einer geschriebenen Verfassung und der politischen Mitwirkung der Bürger durchgesetzt, zumal mit der Presse und den politischen Vereinen eine organisierte gesamtdeutsche Öffentlichkeit entstanden war. Auch FRIEDRICH WILHELM IV. musste eine **Verfassung für das Königreich Preußen** erlassen. Diese war zwar einseitig vom König »oktroyiert« und verfügte über ein nach der Steuerleistung festgelegtes Dreiklassenwahlrecht sowie eine starke Betonung der Königsmacht, schrieb aber die staatsbürgerliche Gleichheit und einige Freiheitsrechte der Bürger fest. Auch die nun in ganz Deutschland vollendete Aufhebung des Feudalsystems wurde nicht mehr rückgängig gemacht. 5.12.1848 erneut: 31.1.1850

Nach der **Wiederherstellung des Deutschen Bundes** bis Mai 1851 begann eine neuerliche Phase der politischen Reaktion, die 1850/54 zu der Auswanderung von mehr als 700 000 Menschen aus Deutschland führte.

Gründe für das Scheitern der Revolution

- Fehlen einer zentralen Hauptstadt in Deutschland, in der ein schneller Sieg der Revolution möglich gewesen wäre.
- Abschwächung der revolutionären Situation durch die seit der Zeit der napoleonischen Herrschaft durchgeführten staatlichen Reformmaßnahmen in den deutschen Einzelstaaten.
- Furcht der gemäßigt-liberalen Mehrheit des Bürgertums vor einer Radikalisierung der Revolution und daher Anlehnung an die Fürsten.
- Zu große Differenzen bei der Ausarbeitung der Reichsverfassung, vor allem hinsichtlich der Grenzen des deutschen Nationalstaates (großdeutsche bzw. kleindeutsche Lösung).

4.6 Klausur mit Lösungen

Aus der Erklärung, mit der F. C. Dahlmann, zusammen mit weiteren Abgeordneten, seinen Austritt aus der Nationalversammlung begründete.

»(...) Mit dem Beschlüsse vom (...) war das Verfassungswerk vonseiten der Reichsversammlung vollendet. Die Unterzeichneten sind überzeugt, dass diese Verfassung der einzige unter den gegebenen Verhältnissen zu erreichende Ausdruck einer friedlichen Lösung und einer Versöhnung der Interessen und Rechte der verschiedenen deutschen Stämme, Staaten und Dynastien war; dass in Ermangelung eines von den Regierungen vorgelegten Verfassungsentwurfes und bei der unüberwindlichen Schwierigkeit, die vielen unter sich widerstreitenden Interessen zu einer Vereinbarung zu bewegen, die konstituierende Nationalversammlung eine schiedsrichterliche Stellung zwischen Regierungen und Völkern einzunehmen berufen war, und dass keine andere Macht ersetzen kann, was in dem Bewusstsein der Nation als der freie Ausdruck ihrer Selbstbestimmung bereits gewurzelt hat. Nach der Berufung der mächtigsten deutschen Krone an die Spitze des neuen Bundesstaates, nach der darauf folgenden Anerkennung von neunundzwanzig Regierungen und der wachsenden Zustimmung der großen Mehrzahl der gesetzlichen Organe in den übrigen deutschen Staaten, war nur das Eintreten des erwählten Reichsoberhauptes zu erwarten, um die Durchführung der Reichsverfassung auf einem glücklichen und friedlichen Wege zu sichern (...).

Zum tiefen Schmerze der Unterzeichneten haben sich die Ereignisse anders gestaltet, und die Hoffnungen des deutschen Volkes drohen, so nahe der Erfüllung, zu scheitern. Im Angesichte der höchsten Gefahren des Vaterlandes haben auf der einen Seite vier deutsche Kronen, worunter die preußische selbst, den durch die Reichsverfassung gebotenen Ausdruck der Vermittelung zwischen den widerstreitenden das Jahrhundert bewegenden Prinzipien abgelehnt; auf der anderen Seite erhebt sich (...) eine gewalttätige Bewegung, selbst in solchen Ländern, welche die Verfassung bereits anerkannt haben.

Von beiden Seiten wird die Gewalt der Waffen angerufen (...) In dieser Lage der Dinge hat die Reichsversammlung nur die Wahl, entweder unter Beseitigung der bisherigen Zentralgewalt das letzte gemeinsame und gesetzliche Band zwischen allen deutschen Regierungen und Völkern zu zerreißen und einen Bürgerkrieg zu verbreiten, dessen Beginn schon die Grundlagen aller gesellschaftlichen Ordnung erschüttert hat, oder auf die weitere Durchführung der Reichsverfassung durch gesetzgebende Tätigkeit von ihrer Seite und unter Mitwirkung der provisorischen Zentralgewalt Verzicht zu leisten.

Die Unterzeichneten haben unter diesen beiden Übeln das letztere für das Vaterland als das geringere erachtet. (...)«

(Quelle: Harry Pross (Hrsg.), Dokumente zur deutschen Politik 1806–1870, Frankfurt 1963, S. 186f.)

Aufgaben

a Nennen Sie die Ereignisse, auf die DAHLMANN in seiner Erklärung Bezug nimmt und geben Sie eine ungefähre Datierung des Textes.

b Erläutern und belegen Sie den von DAHLMANN angesprochenen Kompromisscharakter der Reichsverfassung.

c Stellen Sie das Programm der Fraktion, der DAHLMANN angehörte, in Grundzügen dar! Nehmen Sie dabei so weit wie möglich Bezug zum Text.

Lösungsvorschläge

a Die Verkündung der Verfassung durch das Frankfurter Parlament, auf die der erste Satz anspielt, erfolgte am 28. März 1849. Am gleichen Tag wählte die Nationalversammlung FRIEDRICH WILHELM IV. zum deutschen Kaiser, worauf die Bemerkung über die »Berufung der mächtigsten Krone« Deutschlands hindeutet – eine Wahl, die der preußische König am 3. April ablehnte. Bis Ende April 1849 erkannten 29 deutsche Regierungen die Reichsverfassung an, nicht jedoch die »vier deutsche[n] Kronen, worunter die preußische selbst«. Der Hinweis: »Von beiden Seiten wird die Gewalt der Waffen angerufen (...)« bezieht sich auf die bewaffneten Aufstände im Zuge der sog. »Reichsverfassungskampagne« im Mai 1849 in Sachsen, der Pfalz und Baden. Der Text entstammt also der Zeit Ende Mai 1849 (genau: 20./21. Mai).

b Die aus unitarischen, föderativen, monarchischen und demokratischen Elementen zusammengesetzte Verfassung wird im Darstellungsteil beschrieben, vgl. dazu S. 63–64.

c Die gemäßigt-liberale Mehrheit in der Paulskirche, der DAHLMANN angehörte, setzte auf »friedliche Lösung und (...) Versöhnung der Interessen und Rechte der verschiedenen deutschen (...) Staaten und Dynastien (...)« bei der Errichtung eines deutschen Nationalstaates. Die Paulskirche erklärte sich daher nicht wie die französische Nationalversammlung 1789 zum alleinigen Träger der Souveränität, sondern suchte die Lösung der deutschen Frage in Kooperation mit den Fürsten. Dies entsprach der an Autoritäten orientierten Mentalität vieler Abgeordneten, aber auch dem integrativen Charakter des nationalen Gedankens. Die Liberalen wollten die Interessen der deutschen Einzelstaaten und ihrer Herrscher bewahren und wiesen daher der Nationalversammlung eine »schiedsrichterliche Stellung zwischen Regierungen und Völkern« zu. Deshalb, aber auch aus Furcht vor einer sie selbst bedrohenden Radikalisierung der Revolution hielten sie am monarchischen Prinzip fest, was sich auch in der Berufung des preußischen Königs zum Kaiser äußerte. In den Konflikten nach dem Scheitern der Revolution (»Reichsverfassungskampagne«) entschieden sich die gemäßigt-liberalen Abgeordneten deshalb auch dafür, nicht die bisherigen staatlich-politischen Strukturen des Deutschen Bundes, das »letzte gemeinsame gesetzliche Band zwischen allen deutschen Regierungen und Völkern zu zerreißen.« Neben den in der Quelle genannten Punkten traten die liberalen Abgeordneten für die Sicherung der liberalen Errungenschaften durch einen Grundrechtskatalog ein.

Industrielle Revolution und soziale Frage

Bis in das 18. Jh. hinein war das agrarisch dominierte Leben und Wirtschaften des Menschen weltweit die vorherrschende Kulturform. Mit der industriellen Revolution vollzog sich eine der entscheidendsten Weichenstellungen in der Menschheitsgeschichte. Es entstand unsere moderne, technisch geprägte Welt. Der Einsatz scheinbar unerschöpflicher fossiler Energiequellen (Kohle) war die Grundlage für das Wachstum der Gesellschaft weit über die bisherige bäuerliche Basis hinaus.

5.1 Die industrielle Revolution in Großbritannien

Die industrielle Revolution als Vielfaktorenmodell

Dass die industrielle Revolution gerade in Großbritannien ihren Anfang nahm, ist auf zahlreiche Faktoren zurückzuführen, die sich gegenseitig beeinflussten (Interdependenz):

- Veränderungen in der landwirtschaftlichen Struktur und Produktionsmethode (sog. **Agrarrevolution**): Die Aufteilung offener Feldfluren, Landeinhegungen durch adelige Großunternehmer (»enclosures«) und die rationellere Bewirtschaftung steigerten die landwirtschaftliche Produktion und setzten ländliche Arbeitskräfte für den Industrialisierungsprozess frei. Das wachsende Nahrungsmittelangebot und Verbesserungen in der Hygiene führten zu einem **Bevölkerungsanstieg,** der wiederum zu einem größeren Bedarf an industriell gefertigten Produkten führte.
- Großbritannien bildete schon früh einen einheitlichen **Binnenmarkt ohne Zollgrenzen,** der zudem mit einer günstigen **Transportinfrastruktur** ausgestattet war (kurze Küstenseerouten, Binnenkanalsystem, später das Eisenbahnnetz als Resultat und zugleich als Grundstein weiterer Industrialisierung).
- Der britische Kolonialhandel schuf im Mutterland große **Kapitalvermögen,** die nach Investitionsmöglichkeiten suchten. Auf dem Finanzsektor existierte ein **leistungsfähiges Bank- und Kreditwesen.**
- Mit der **liberalen Eigentumsgesetzgebung** und dem **effektiven Patentrecht** waren günstige politisch-rechtliche Rahmenbedingungen vorhanden.

1769/1782

- Eine Reihe **technologischer Innovationen** förderte die mechanisierte Produktion und die Effektivität des Transportsystems: Dazu gehörten die mechanische Spinnmaschine, der Maschinenwebstuhl, die **Weiterentwicklung der Dampfmaschine** durch JAMES WATT sowie die Entwicklung der Lokomotive (STEPHENSONS »Rocket«) und des Dampfschiffes; in der Eisenverhüttung wurde das sog. Puddelverfahren (Verwendung von Steinkohle statt Holz als Brennstoff) eingesetzt, was die Erzeugung von schmiedbarem Stabeisen für die Zwecke der Maschinenbauindustrie und des Eisenbahnbaus ermöglichte.
- Großbritannien verfügte über umfangreiche **Kohle- und Eisenerzvorkommen** als Grundstoffe für den Industrialisierungsvorgang.
- Das britische Bürgertum zeichnete sich durch ausgeprägten **Unternehmergeist** und **liberale Wirtschaftsauffassung** aus. Verantwortlich hierfür war die dem Protestantismus eigene Erwerbsethik und die freihändlerische Tradition der Seefahrernation.

Die Entstehung des »Fabriksystems«

Die gesellschaftlichen und politischen Rahmenbedingungen ermöglichten es zusammen mit den technischen Neuerungen schließlich britischen Unternehmern, das moderne »Fabriksystem« zu entwickeln.

Grundzüge des »Fabriksystems«

Dies geschah zunächst auf dem Gebiet der Textilindustrie, die damit zum »Pioniersektor« der Industrialisierung wurde.

Durch seinen Entwicklungsvorsprung in der Industrialisierung ließ Großbritannien zunächst alle anderen Länder Europas wirtschaftlich weit hinter sich.

Der Wirtschaftsliberalismus Adam Smiths

Als einer der wichtigsten zeitgenössischen Theoretiker des Wirtschaftsliberalismus gilt ADAM SMITH, der »Begründer der klassischen National-
1776 ökonomie«: Sein Werk **»Untersuchungen über die Natur und den Ursprung des Nationalreichtums«** beschäftigte sich mit der Frage, wie der Wohlstand einer Volkswirtschaft gesteigert werden könne.

SMITH ging davon aus, dass das zunächst nur auf das Eigeninteresse gerichtete natürliche Gewinnstreben des Einzelnen letztlich aufgrund der Mechanismen eines von gesetzlichen Regelungen freien wirtschaftlichen Systems auch den Wohlstand der gesamten Nation fördere. Deshalb sollte sich der Staat – im Gegensatz zur bis dahin praktizierten Auffassung des Merkantilismus – aus wirtschaftlichen Fragen heraushalten und nicht regelnd in das Marktgeschehen eingreifen.

Da das stets den höchsten Gewinn suchende Kapital immer in den lebensfähigsten Wirtschaftszweigen angelegt werde, sei zugleich auch der Ertrag der gesamten Nationalwirtschaft stets der am höchsten mögliche. Unrentable Wirtschaftsbereiche hingegen würden vom Kapital gemieden und würden deshalb absterben. In diesem Zusammenhang ist **Konkurrenz** (d. h. freier Wettbewerb) ausdrücklich erwünscht.

Wichtig ist für ADAM SMITH ferner der Gedanke der **Arbeitsteilung.** Nicht nur in einem einzelnen Unternehmen könne durch Arbeitsteilung der Ertrag gesteigert werden. Dies gelte auch zwischen den einzelnen Volkswirtschaften, denn jedes Land erzeuge das, was es am billigsten und besten herstellen könne. Eine solche internationale Arbeitsteilung erfordere aber den **Freihandel,** also den Abbau der handelshemmenden Zollschranken.

5.2 Die Industrialisierung in Deutschland

Als einer der ersten deutschen Staaten erkannte Preußen die politische und wirtschaftliche Bedeutung der Industrialisierung und versuchte die Industrie im eigenen Land zu fördern. Auf technologischem Gebiet etwa erfolgte die **Übernahme englischer Innovationen** durch Englandreisen preußischer Unternehmer und den Import von englischen Maschinen, aber auch durch Industriespionage. Der Staat errichtete ferner **technische Schulen,** um einen ausgebildeten Ingenieurnachwuchs zu erhalten. Im Unterschied zu Großbritannien war hier also der Staat stark am Prozess der Industrialisierung beteiligt.

1807 bis 1814

Die sozialen Voraussetzungen für die Industrialisierung hatte man bereits mit den **preußischen Reformen** geschaffen: **Agrarreform** und Bauernbefreiung hatten auch hier ein großes Arbeitskräftepotenzial für den Industrialisierungsvorgang freigesetzt. Die Einführung der **Gewerbefreiheit** hatte es Kapitalbesitzern ermöglicht, Unternehmungen zu gründen und in den Aufbau von Fabriken zu investieren.

1834

Ein entscheidender Faktor für den Beginn der Industrialisierung in Deutschland war die **Gründung des Deutschen Zollvereins** unter preußischer Führung, dem in den folgenden Jahrzehnten alle deutschen Staaten – außer Österreich – beitraten, wodurch ein **einheitlicher deutscher Binnenmarkt** für den Absatz der Industrieprodukte entstand. Im Zuge der Industrialisierung wurde das zum preußischen Staat gehörende Ruhrgebiet zum bedeutendsten wirtschaftlichen Zentrum Deutschlands.

1835

1873 bis 1878

Im Unterschied zu Großbritannien wurde in Deutschland die Schwerindustrie, der Eisenbahnbau und der Maschinenbau, zum Führungssektor der Industrialisierung. Zwischen Nürnberg und Fürth wurde die **erste deutsche Eisenbahnstrecke** eröffnet. 15 Jahre später hatte das Streckennetz der Eisenbahnen in Deutschland bereits eine Länge von 5858 Kilometer. Eine erste industrielle Wachstumsphase erlebte Deutschland ab Mitte des 19. Jh. Danach kam es im Gefolge der sog. Gründerkrise zu einer **Phase wirtschaftlicher Depression.** Eine zweite Wachstumsphase war dann bereits durch die neuen Führungssektoren Elektrotechnik und Chemie gekennzeichnet. Das Deutsche Reich wurde nun neben Großbritannien und den USA zu einem führenden Industrieland der Welt.

5.3 Soziale Frage und Entstehung der Arbeiterbewegung

Zwar zählt es zu den positiven Wirkungen der Industrialisierung, dass die durch die Agrarreformen entstandene, besitzlose ländliche Bevölkerung in der Industrie aufgenommen wurde und dadurch der ländliche **Pauperismus** verringert wurde. Folge der industriellen Produktionsweise war aber zugleich eine große soziale Kluft zwischen den Fabrikbesitzern und der Masse der lohnabhängigen Arbeiterschaft, zumal das reichlich vorhandene Angebot an Arbeitskräften das Lohnniveau immer weiter sinken ließ. **Kinderarbeit** war anfangs nahezu die Regel.

Der Marxismus

Entscheidenden Einfluss auf die Arbeiter hatte die ab Mitte des 19. Jh. entstehende kommunistische Bewegung. Zentrale Werke der marxistischen Ideologie waren das von KARL MARX und FRIEDRICH ENGELS
1848 verfasste **»Kommunistische Manifest«** und MARX' Hauptwerk **»Das**
1867 **Kapital«.**

Der Marxismus verstand sich als wissenschaftliche Lehre, die das Bewegungsgesetz der Geschichte in der Veränderung der wirtschaftlichen Produktionsweisen und der damit einhergehenden sozialen Organisation, konkret in einer **Abfolge von Klassenkämpfen,** zu erkennen glaubte. Im industriellen Kapitalismus des 19. Jh. hatte sich demzufolge die Klassenauseinandersetzung auf den Gegensatz zwischen den **Kapitalisten,** also den Besitzern der Produktionsmittel (z. B. Fabriken), und den besitzlosen **Proletariern** zugespitzt. Aus diesem Gegensatz und den Eigentümlichkeiten des kapitalistischen Systems heraus prognostizierte MARX eine ständige Zunahme und immer weitere **Verelendung der Proletarier.** Vom bürgerlichen Staat, der gemäß den Prinzipien des Liberalismus die Ordnung des Privateigentums garantiere, könnten die Arbeiter keine Hilfe erwarten. Zu dem Zeitpunkt, an dem die Klassengegensätze völlig unüberbrückbar sein würden, würde sich das Proletariat zusammenschließen und in einem revolutionären Akt die Macht über die Produktionsmittel und den Staat übernehmen. Durch **Beseitigung des Privateigentums** und der kapitalistischen »Anarchie der Produktion« mittels einer Planwirtschaft könne dann im **Sozialismus** der materielle Wohlstand aller gesteigert werden. In der daraus hervorgehenden **kommunistischen Gesellschaft** würden mit dem Ende des Privateigentums und der gleichmäßigen Verteilung des gesellschaftlichen Reichtums alle Klassen und damit auch die Klassenkämpfe verschwinden.

Die Anfänge der organisierten Arbeiterbewegung in Deutschland

- Der gemäßigte Flügel der Arbeiterbewegung organisierte sich unter Führung von Ferdinand Lassalle im **Allgemeinen Deutschen Arbeiterverein.** Die Anhänger des ADAV hielten eine Verbesserung der Lebensbedingungen der Arbeiter für notwendig, wollten dies aber nicht auf revolutionärem Wege, sondern durch staatliche Reformen erreichen. Als politische Voraussetzung hierfür forderte man das allgemeine und gleiche Wahlrecht. Arbeitergenossenschaften sollten die Arbeiter zum eigenen Unternehmer machen. **1863**
- Auf Wilhelm Liebknecht und August Bebel geht die **Gründung der Sozialdemokratischen Arbeiterpartei** zurück, deren Programm damals noch die marxistische Lehre enthielt. **1869**
- Mit der Einführung der **Koalitionsfreiheit** im Norddeutschen Bund wurde der Arbeiterbewegung erstmals die gewerkschaftliche Organisation möglich. Die meisten Gewerkschaften standen der Sozialdemokratie nahe. **1869**
- Auf dem **Gothaer Vereinigungsparteitag** schlossen sich der ADAV und die Sozialdemokratische Arbeiterpartei zur **Sozialistischen Arbeiterpartei Deutschlands** zusammen. Das **»Gothaer Programm«** war eine Mischung aus dem Gedankengut von Karl Marx – etwa hinsichtlich der Forderung nach der Enteignung der Produktionsmittel und der Errichtung einer kommunistischen Gesellschaft – und den reformerischen Vorstellungen Lassalles. **1875**

5.4 Die Rolle des Staates

Trotz der großen sozialen Misere griff der Staat in der Frühphase der Industrialisierung nicht unterstützend und regelnd ein. Dies entsprach den Auffassungen des Wirtschaftsliberalismus, der ja an die Selbstregulierung der Wirtschaft hin zu mehr Wohlstand für alle glaubte.

Aus Gründen der Gesundheitsfürsorge wurde aber zunächst in Großbritannien die Kinderarbeit auf täglich acht Stunden begrenzt und durch staatliche Inspektoren überwacht. Nicht zuletzt auf Drängen der Militärbehörden, die sich um die Gesundheit der zukünftigen Rekruten sorgten, wurde bald darauf auch **in Preußen die Arbeit für Kinder** unter neun Jahren und später unter zwölf Jahren **verboten.**

1839/1853

Später wurde das Kaiserreich unter der Kanzlerschaft BISMARCKS durch den **Aufbau eines staatlich kontrollierten Sozialversicherungswesens** (Kranken-, Unfall-, Alters- und Invaliditätsversicherung) führend im Bereich der Sozialgesetzgebung. Ziel dieser Gesetze war es jedoch auch, mithilfe einer Verbesserung der Lage der Arbeiterschaft den Kampf gegen die Sozialdemokratie zu unterstützen.

1883 bis 1889

5.5 Sozialfürsorge durch Unternehmer und Kirchen

Manche Unternehmer versuchten zudem selbst, durch soziale Einrichtungen in ihren Betrieben (z. B. Werkswohnungen, betriebliche Altersversorgung oder Krankenkassen) die größten sozialen Nöte der Arbeiter zu lindern. Auch diese Maßnahmen sollten aber teilweise dazu dienen, revolutionäres Potenzial in der Arbeiterschaft abzubauen. Dementsprechend forderten die Unternehmer als Gegenleistung für ihr soziales Engagement von den Arbeitern Wohlverhalten und Verzicht auf jede politische oder gewerkschaftliche Betätigung.

Schließlich beschäftigten sich auch die Kirchen mit den durch die Industrialisierung hervorgerufenen sozialen Missständen. Auf katholischer Seite z. B. der spätere Bischof von Mainz, Freiherr VON KETTELER und ADOLF KOLPING, der durch seine Gesellenvereine den jungen Handwerkern helfen wollte. Bedeutsam war zudem die **Sozialenzyklika Rerum Novarum** von Papst LEO XIII. In ihr wurde die Gewährleistung angemessener Löhne gefordert und den Arbeitern das Recht zu einer organisierten Vertretung ihrer Interessen zugesprochen. Gleichzeitig wurden die Arbeiter aber zur pflichtbewussten Arbeitserfüllung und Gewaltfreiheit in ihren Aktionen angehalten. Bedeutende sozialkaritativ tätige Persönlichkeiten auf evangelischer Seite waren JOHANN HEINRICH WICHERN (»Innere Mission«) und FRIEDRICH VON BODELSCHWINGH.

1891

5.6 Klausur mit Lösung

Brief des westfälischen Unternehmers Friedrich Harkort an seine Arbeiter

»(...) Bedenkt doch, wenn das Eigentum nicht mehr sicher ist, so wird aller Verkehr erliegen und Verwilderung und Mangel das Los aller sein. Niemand wird säen, wenn er nicht weiß, dass die Ernte sein Eigen ist. Nicht durch Lottospiel erwirbt der Fleiß sein Kapital, sondern durch Arbeit. Seid vernünftig, bedenkt, dass niemand Geld verdienen kann, ohne andere mitverdienen zu lassen (...).

Verteilt die Habe, und das Land wird eine Armenkolonie, die ohne Kunst, Wissenschaft und Bildung der Barbarei anheim fällt! Gibt es nicht unter uns Fabrikherren, Handwerker und Bauern, die früher Arbeiter waren und sich emporgeschwungen haben durch Fähigkeit, Glück und den Fleiß ihrer Hände? Keinem unter Euch ist derselbe Weg verschlossen, wenn Ihr Euch tüchtig macht und es Gottes Wille ist, dessen Ordnung Ihr nimmer brechen könnt. Gönnt jedem Mitbürger das Seine und vergrabt Euer Pfund nicht, damit auch Ihr zu den Getreuen des Evangeliums gerechnet werdet. Nicht alle können auf einem Posten stehen, allein jeder ist berufen, seinen Platz mit Ehren auszufüllen (...).

Es kann und darf nicht alles beim Alten bleiben, vieles kann besser werden, wenn man es vernünftig angreift, nichts Unmögliches verlangt und jeder seine Schuldigkeit tut (...)«

(zitiert nach: H. de Buhr und M. Regenbrecht, Industrielle Revolution und Industriegesellschaft, Frankfurt/M. 1983, S. 52)

Aufgabe

1849 schrieb der westfälische Unternehmer FRIEDRICH HARKORT seinen Arbeitern diesen Brief. Gegen welche Ideologie argumentiert HARKORT? Begründen Sie Ihre Ansicht!

Lösungsvorschlag

HARKORT wendet sich als patriarchalischer Unternehmer gegen die sozialistische Lehre und die Ideen von KARL MARX, wie sie etwa 1848 im »Kommunistischen Manifest« verbreitet wurden.

Er betont daher besonders stark die Rolle des Eigentums – nur die Aussicht auf den privaten Gewinn motiviere den Unternehmer zu seiner Arbeit, die aber nach liberaler Auffassung letztlich dem gesamten Nationalwohlstand zugute komme. HARKORT widerspricht damit der These von MARX, dass erst die Enteignung der Produktionsmittel eine kommunistische, menschliche Gesellschaft möglich mache. Die vom Kommunismus vertretenen Vorstellungen von sozialer Gleichheit lehnt HARKORT unter Hinweis auf die gottgewollten Unterschiede zwischen den Menschen ab. Der Verelendungstheorie von KARL MARX setzt er den liberalen Glauben an die Möglichkeit eines individuellen sozialen Aufstiegs entgegen (»Gibt es nicht unter uns Fabrikherren, die früher Arbeiter waren (...)?«) Im Unterschied zum marxistischen Revolutionsgedanken setzt HARKORT auf den Weg der Reform (»Es kann und darf nicht alles beim Alten bleiben (...)«).

Die Argumentationsmuster, mit denen HARKORT der sozialistischen Lehre entgegentritt, entstammen also dem (Wirtschafts-)Liberalismus, bei dem insbesondere der Leistungsgedanke und die Garantie des Eigentums betont werden.

Reichsgründung und Deutsches Kaiserreich in der Ära Bismarcks (1862–1890)

6.1 Der Weg zum Deutschen Kaiserreich

Die Revolution von 1848/49 hatte mit dem Konflikt um die groß- bzw. kleindeutsche Lösung sowie dem Angebot der Kaiserkrone an den preußischen König FRIEDRICH WILHELM IV. den **preußisch-österreichischen Dualismus** und das Gewicht Preußens in Deutschland sichtbar werden
1861 lassen. Mit dem **Regierungsantritt von König Wilhelm I.** setzte auch in Preußen selbst ein Kurswechsel ein, in dessen Verlauf der preußische Staat zunehmend das Ziel verfolgte, die Einigung Deutschlands mit seinen militärischen Machtmitteln herbeizuführen.

Der preußische Verfassungskonflikt

1862 Maßgeblicher Architekt dieser Politik war Fürst **Otto von Bismarck,** der vom König in schwieriger innenpolitischer Lage als **preußischer Ministerpräsident** eingesetzt wurde. Hintergrund der Krise war die Weigerung der liberalen preußischen Landtagsmehrheit, im Staatshaushalt Mittel für eine vom König und Kriegsminister ALBRECHT VON ROON angestrebte Heeresverstärkung zu bewilligen, ohne im Gegenzug dafür Mitspracherechte bei der Heeresreform und Zugeständnisse bei der Ausweitung der Landtagskompetenzen zu erhalten.

1862 bis 1866 Aus dem Zerwürfnis zwischen Monarchie und Volksvertretung entwickelte sich der **preußische Verfassungskonflikt:** BISMARCK führte die Heeresreform trotz der fehlenden parlamentarischen Bewilligung durch und betonte seine Bereitschaft, auch ohne Legitimation durch Verfassung und Landtag zu regieren (sog. Lückentheorie).

Der »Deutsche Krieg«

Als Dänemark Schleswig annektierte und dem dänischen Staatsverband eingliederte, waren Österreich und Preußen noch gemeinsam
1864 militärisch gegen den nördlichen Nachbarn vorgegangen **(Deutsch-Dänischer Krieg).** Dänemark wurde besiegt und musste Schleswig und Holstein an Preußen und Österreich abtreten, die es zunächst gemeinsam verwalteten.

In der folgenden Zeit traten jedoch zwischen Wien und Berlin Differenzen in der schleswig-holsteinischen Frage auf. BISMARCK benutzte sie als

Anlass, Preußen die Vorherrschaft in Deutschland zu sichern: Als Preußen zudem eine Reform des Deutschen Bundes beantragte, welche den Einfluss Österreichs erheblich verringert hätte, kam es zum **Krieg zwischen Preußen und Österreich.** Aufseiten Österreichs kämpften die größeren deutschen Staaten, darunter Bayern, Württemberg, Baden, Sachsen und Hannover; Preußen schlossen sich die kleineren norddeutschen Staaten an. Als Folge des preußischen Siegs in der **Schlacht bei Königgrätz** und des **Prager Friedens** stimmte Österreich der **Auflösung des Deutschen Bundes** und der Neuordnung Deutschlands nach preußischen Vorstellungen zu. Damit schied die Habsburger Monarchie aus der deutschen Geschichte aus.

1866

23.8./3.7.

Mit der Annexion des Königreichs Hannover, Kurhessens, Nassaus, der Stadt Frankfurt sowie Schleswigs und Holsteins vergrößerte Preußen sein Staatsgebiet nochmals erheblich und schloss die territorialen Lücken zwischen seinen östlichen Landesteilen und den Westprovinzen (Rheinprovinz, Westfalen).

Der Norddeutsche Bund

1866/1867 bis 1871

Unter Führung Preußens schlossen sich die nördlich der Mainlinie gelegenen deutschen Staaten zum **Norddeutschen Bund** zusammen. Der Norddeutsche Bund war ein Bundesstaat mit einem durch das allgemeine, gleiche und direkte Wahlrecht gewählten Parlament (dem Reichstag) und einem die Mitgliedsstaaten repräsentierenden Bundesrat. Dass der preußische König das Bundespräsidium stellte und BISMARCK als Bundeskanzler fungierte, machte erneut die preußische Führungsrolle in Deutschland deutlich. Widerstand gegen die zunehmende Vorherrschaft Preußens trat besonders in Süddeutschland zutage.

Obwohl viele Anhänger der liberalen und nationalen Bewegung den Norddeutschen Bund als Vorstufe eines deutschen Einheitsstaates begrüßten, führte BISMARCKS innenpolitischer Kurs zur Spaltung der Liberalen: BISMARCK verlangte vom preußischen Landtag nachträglich die Genehmigung seines verfassungswidrigen Vorgehens bei der Heeresreform. Diese sog. **Indemnitätsvorlage** wurde angesichts der außenpolitischen Erfolge auch von der Mehrheit des preußischen Parlaments **gebilligt.** Das bedeutete eine Niederlage der linksliberalen

1866

3.9.

Fortschrittspartei, die neben der Einheit Deutschlands immer auch die liberalen, freiheitlichen Grundsätze betont hatte. Da die Linksliberalen
1867 weiter in Opposition zu BISMARCK blieben, **spaltete sich von der Fortschrittspartei die Nationalliberale Partei ab,** die BISMARCKS Machtpolitik vorbehaltlos billigte. Langfristig wurden damit obrigkeitsstaatliche und konservative Strömungen im deutschen Bürgertum gestärkt.

1870/1871

Der Deutsch-Französische Krieg

Die preußische Machtentfaltung stellte das auf dem Wiener Kongress entworfene System des Gleichgewichts der Mächte infrage und wurde daher von den anderen europäischen Staaten, insbesondere aber von Frankreich unter NAPOLEON III., als Bedrohung empfunden.

Da BISMARCK erkannte, dass die Einigung Deutschlands nur um den Preis eines militärischen Konflikts mit Frankreich zu erreichen war, suchte er einen diplomatischen Anlass, um eine solche militärische Lösung zu legitimieren: Dieser bot sich an, als Frankreich heftigen Protest gegen die von BISMARCK unterstützte Kandidatur eines Prinzen aus dem Hause Hohenzollern-Sigmaringen auf den spanischen Königsthron einlegte. Obwohl die Hohenzollern schließlich ihre Kandidatur zurückzogen, forderte der französische Botschafter vom preußischen König, der in Bad Ems zur Kur weilte, eine Erklärung, dass man für
1870 alle Zukunft auf eine solche Kandidatur verzichte. Den telegrafischen Bericht des Königs hierüber an seine Regierung veröffentlichte
13.7. BISMARCK in zugespitzter, verkürzter Form **(Emser Depesche).** Die Franzosen antworteten auf dieses provokative Vorgehen mit einer
19.7. **Kriegserklärung an Preußen.**

Entsprechend der nach dem »Deutschen Krieg« zunächst geheim geschlossenen Bündnisverpflichtungen stellten sich die süddeutschen Staaten (Bayern, Württemberg, Baden) nun an die Seite Preußens. Der
1./2.9. Druck der militärischen Erfolge der deutschen Armee – **(Sieg in der Schlacht bei Sedan)** mit der Gefangennahme Kaiser NAPOLEONS III. –
4.9. führte zur **Ausrufung der Republik in Frankreich.** Nachdem BISMARCK
1871 den Zusammenschluss der süddeutschen Staaten mit dem Norddeutschen Bund zum Deutschen Reich erreicht hatte, wurde im Spiegelsaal von Versailles **Wilhelm I. zum Deutschen Kaiser ausgerufen** und damit
18.1. das Deutsche Reich gegründet. Weitere militärische Niederlagen (Bela-

gerung von Paris) veranlassten Frankreich schließlich zum Friedensschluss **(Vorfriede von Versailles, Friede von Frankfurt).** Es musste nicht nur die staatliche Einigung Deutschlands akzeptieren, sondern auch Elsass und Lothringen abtreten und eine Kriegsentschädigung von 5 Milliarden Francs zahlen. 26.2./10.5.

6.2 Die Verfassung des Deutschen Kaiserreichs

Die Verfassung des Kaiserreichs gab Deutschland die Regierungsform einer **konstitutionellen Monarchie,** und zwar in Form eines **Bundesstaates unter preußischer Hegemonie.** Sie spiegelte die Interessen der an der Reichsgründung beteiligten Kräfte wider: Das nationale Einheitsstreben und die liberalen Forderungen des Bürgertums, die Partikularinteressen der bislang souveränen Fürsten der deutschen Einzelstaaten sowie den Führungsanspruch der preußischen Monarchie.

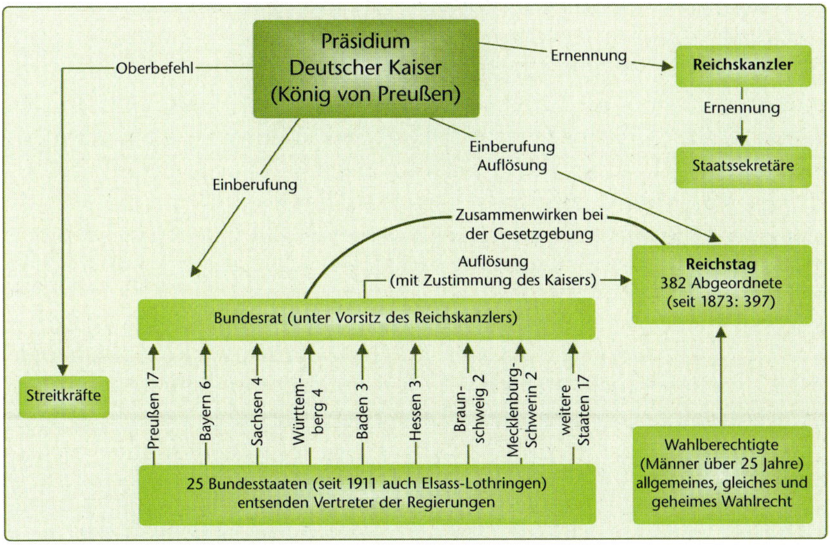

Die Verfassung des Deutschen Reichs von 1871

Formal war das Kaiserreich ein »Ewiger Bund« der 22 souveränen deutschen Fürstentümer und drei freien Hansestädte. Die Staatsgründung erfolgte also nicht durch das Volk – wie 1848/49 gewollt –, sondern

»von oben« durch die Fürsten. Dieser Tatsache trug der **Bundesrat** als Vertretungsorgan der Bundesmitglieder Rechnung. 17 der insgesamt 58 Vertreter der einzelstaatlichen Regierungen im Bundesrat wurden aus Preußen entsandt. Da für Verfassungsänderungen ab 14 Stimmen ein Vetorecht im Bundesrat bestand, konnte Preußen somit jede ihm unangenehme Entwicklung verhindern.

Der nach dem allgemeinen, gleichen, direkten und geheimen Wahlrecht gewählte **Reichstag** verdeutlichte das demokratische Element: Er verfügte neben dem Budgetrecht auch über die Gesetzesinitiative und konnte – allerdings nur gemeinsam mit dem Bundesrat – über Gesetzesvorlagen abstimmen. Gegenüber der Regierung und vor allem dem Kaiser, der das weiter wirkende **monarchische Prinzip** verkörperte, blieben seine Kompetenzen jedoch schwach: Der Kaiser hatte nicht nur das Recht zur Einberufung und (vorzeitigen) Auflösung des Reichstags. Er ernannte und entließ auch den Reichskanzler, ohne dabei an den Reichstag gebunden zu sein. Der Reichskanzler war also nur vom Kaiser abhängig und dem Reichstag nicht verantwortlich. Ebenso blieben dem Reichstag die Außenpolitik und die Kontrolle über das Militär verschlossen, denn auch der Oberbefehl über die Streitkräfte und die völkerrechtliche Vertretung des Reichs nach außen lag in der Kompetenz des Kaisers. Allerdings gewann der Reichstag dadurch, dass die Debatten der Abgeordneten durch die Presse in die Öffentlichkeit kamen, im Laufe der Jahre an Ansehen und faktischen Einfluss.

Die **Rechte der Länder** blieben durchaus gewahrt. Sie hatten weiterhin eigene Fürsten und Regierungen. Sie besaßen nicht nur die Finanzhoheit, auch Verwaltung, Justiz und Kultur waren weiter ihr Aufgabenbereich. Das Reich hingegen war für die Streitkräfte und die Außenpolitik sowie für Handel, Verkehrs- und Zollfragen zuständig.

Der **preußische Führungsanspruch im Reich** wurde nicht nur durch die Vetomöglichkeit Preußens im Bundesrat deutlich, sondern auch dadurch, dass der deutsche Kaiser zugleich preußischer König war. Auch war der Reichskanzler zugleich preußischer Ministerpräsident und führte im Bundesrat den Vorsitz. Dies gab ihm bei Gesetzesvorhaben des Reichstages großen Spielraum.

Die Reichsverfassung bot zwar bürgerlich-demokratischer Mitwirkung durchaus Chancen, allerdings blieb das Parlament stets der schwächere

Partner in einem ansonsten monarchisch orientierten Obrigkeitsstaat. Der Satz des SPD-Reichstagsabgeordneten WILHELM LIEBKNECHT, die Verfassung des Kaiserreichs zeige, dass sie im Heerlager zu Versailles ihren Ursprung habe, ist daher sicherlich zutreffend.

6.3 Die Innenpolitik

Die Reichsgründung hatte zwar die nationale Begeisterung entfacht; die zahlreichen innenpolitischen und sozialen Probleme im Kaiserreich konnte sie jedoch kaum überdecken. Bedeutsam für die innenpolitische Entwicklung im Kaiserreich wurde BISMARCKS Strategie, die verschiedenen Parteien lediglich als nützliche Bündnispartner für seine jeweilige Regierungspolitik zu betrachten. Seine Regierungszeit war deshalb von einem mehrfachen Wechsel der die Regierung unterstützenden Parteien gekennzeichnet. Zunächst arbeitete er mit den Nationalliberalen zusammen, weshalb in Gesetzgebung und Wirtschaftspolitik liberale Gedanken eingingen.

Der Kulturkampf

Dies wirkte sich auch auf das Verhältnis des Kaiserreichs zu den Katholiken aus. Die deutschen Katholiken hatten sich mit der **Zentrumspartei** eine eigene Organisation geschaffen, um gegenüber dem Staat und dem liberalen Zeitklima für die Freiheiten und Rechte der Kirche zu kämpfen. Im selben Jahr hatte zudem das **Erste Vatikanische Konzil** die Lehre von der **Unfehlbarkeit des Papstes** zum Dogma erhoben. Seitdem betrachteten die liberalen Kräfte im Reich und die Regierung die Aktionen des Zentrums als »Mobilmachung der (katholischen) Partei gegen den Staat« (BISMARCK) und fürchteten aufgrund der Orientierung der Katholiken nach Rom (Ultramontanismus) Eingriffe des Papstes in innerdeutsche Angelegenheiten. Als Folge leitete BISMARCK einen gesetzgeberischen Kampf gegen den Katholizismus in Deutschland ein (sog. **Kulturkampf**). Die Maßnahmen umfassten Verordnungen wie etwa den »Kanzelparagraph« gegen den politischen Missbrauch des geistlichen Amtes, das Schulaufsichtsgesetz und das Verbot des Jesuitenordens, die sog. »Maigesetze«, die staatliche Vorschriften für die Ausbildung der Geistlichen und zur kirchlichen Disziplinargewalt brachten, sowie die Einführung der Zivilehe.

1870

1870 bis 1878

Diese Gesetze vergrößerten den Einfluss des Staates und führten über die »Verweltlichung« vieler zuvor kirchlicher Einflussbereiche zu einer gesellschaftlichen Modernisierung in Deutschland. Da sich der organisierte Katholizismus aber nicht einschüchtern ließ, brach Bismarck schließlich den Kampf gegen die katholische Kirche ab und gelangte mit dem damaligen Papst Leo XIII. zu einem Ausgleich, der den Abbau der meisten Kampfgesetze zur Folge hatte.

Konservative Wende und Vorgehen gegen die Sozialdemokratie

1878 Die Kehrtwende in der Kirchenpolitik erfolgte vor dem Hintergrund eines allgemeinen **Kurswechsels Bismarcks** vom Liberalismus hin **zu den Konservativen.** Sie äußerte sich auch in der Abkehr vom bisherigen Wirtschaftsliberalismus und Freihandel hin zu **Schutzzollpolitik** und **staatlicher Sozialpolitik.**

1883 bis 1889 Nicht zuletzt um der Sozialdemokratie den Boden zu entziehen und ihren Zulauf aus der Arbeiterschaft zu vermindern, baute Bismarck eine **staatliche Sozialgesetzgebung** auf, die aus einem System von Kranken-, Unfall-, Alters- und Invalidenversicherung bestand und das Kaiserreich zum sozialpolitisch fortschrittlichsten Staat Europas machte. Zugleich begann er aber auch mit gesetzlichen und polizeilichen Mitteln gegen die Sozialdemokratie vorzugehen. Deren Gothaer Programm hatte ja die Forderung nach Enteignung der Produktionsmittel und Herstellung einer kommunistischen Gesellschaft erhoben. Bismarck betrachtete die Sozialdemokraten daher als revolutionäre Gefahr für die nationale Sicherheit des Kaiserreichs und benutzte Attentate auf Kaiser Wilhelm I., die er ihnen zu Last legte, als Vorwand 1878 zum Erlass des **Sozialistengesetzes.** Das Gesetz umfasste ein Verbot der SPD und ihrer Parteipresse. Die Sozialdemokraten waren staatlichen Repressalien durch Verhaftungsmaßnahmen und Ausweisungen ausgesetzt, durften allerdings weiterhin für den Reichstag kandidieren. Trotz der Unterdrückungsmaßnahmen konnte sich die Sozialdemokratie jedoch, auch bedingt durch die immer stärkere Zunahme der Industriearbeiterschaft, behaupten. Sie setzte ihre Aktionen verdeckt oder vom Ausland her fort und steigerte bald bei jeder Reichstagswahl ihren Stimmenanteil, sodass die SPD schließlich kurz vor dem Ersten Weltkrieg stärkste Fraktion im Parlament wurde.

Das Prinzip der negativen Integration

Wie das Vorgehen gegen Katholiken und Sozialdemokraten und die Politik gegen nationale Minderheiten wie Polen oder Elsässer zeigen, stempelte BISMARCK in seinem Herrschaftssystem bewusst bestimmte Bevölkerungsgruppen zu »Reichsfeinden«, die mit gesetzlichen und polizeilichen Mitteln bekämpft werden müssten, weil sie angeblich mit ihren Forderungen und Aktionen die nationalen Sicherheitsinteressen des Reichs gefährdeten. Die wissenschaftliche Forschung erklärt diese Strategie damit, dass BISMARCK auf diese Weise die Mehrheit der übrigen Deutschen hinter sich brachte, weil diese sich von den vermeintlichen »Reichsfeinden« bedroht fühlten. Letztlich sei es BISMARCK damit gelungen, die aus den ungelösten sozialen, ökonomischen und politischen Problemen des Reichs entstandenen Konflikte zugunsten eines übersteigerten nationalen Gemeinschaftsgefühls in den Hintergrund zu drängen. Die verschiedenen politischen und gesellschaftlichen Gruppierungen des Reichs seien damit trotz ihrer eigentlich unterschiedlichen Interessenlagen gleichsam »negativ« in den Staat eingebunden (integriert) worden.

6.4 Die Außenpolitik

Die Erkenntnis, dass die Reichsgründung die seit dem Wiener Kongress gültige Mächtebalance in Europa empfindlich gestört hatte und die übrigen europäischen Staaten eine Erweiterung der deutschen Machtstellung über das 1871 erreichte Maß hinaus nicht dulden würden, veranlasste BISMARCK außenpolitisch zu folgenden Konsequenzen:

Er erklärte das Reich für »saturiert«, d. h., er verzichtete auf die weitere territoriale Ausdehnung und Machterweiterung Deutschlands. Leitlinie seiner Außenpolitik war die **Erhaltung des Status quo,** des mit der Reichsgründung erreichten Zustandes. Dabei baute er darauf, dass vor allem Großbritannien und Russland ein Interesse an einer solchen Status-quo-Politik hätten, während man das Fortdauern der Feindschaft Frankreichs einkalkulieren müsse. Ein Kernpunkt der Bündnispolitik BISMARCKS war daher die außenpolitische Isolierung des Nachbarlandes.

Im sog. **Kissinger Diktat** legte er weitere außenpolitische Prinzipien nieder: Das Deutsche Reich müsse vor allem Koalitionen der anderen 1877 europäischen Mächte gegen sich fürchten (»le cauchemar des coalitions« »der Albtraum vor Koalitionen«). Verhindert werden sollten diese durch die Ausnützung der zwischen den europäischen Mächten herrschenden Interessenkonflikte und eine gezielte eigene Bündnispolitik des Kaiserreichs. Alle europäischen Mächte außer Frankreich sollten auf Deutschland als Vermittler und Partner angewiesen sein. Die Spannungen unter den europäischen Großmächten sollten zudem an die Randzonen des Kontinents (z. B. den Balkan oder die Kolonien) verlagert werden. BISMARCKS in den Jahrzehnten nach der Reichsgründung aufgebaute Bündnissystem trug diesen Vorgaben Rechnung:

Zweibund (1879–1918):
Beistandspakt zwischen Deutschland und Österreich-Ungarn zur Absicherung gegen Angriffe auf eines der beiden Länder durch Russland oder Frankreich mit Unterstützung Russlands. Kernstück der bis zum Ersten Weltkrieg andauernden Mächtekonstellation in Mitteleuropa.

Rückversicherungsvertrag (1887–1890):
Vertrag zwischen Deutschland und Russland. Sicherte die gegenseitige Neutralität im Defensivfall; galt nicht bei Angriff Deutschlands auf Frankreich oder russischen Angriff auf Österreich. Deutschland erkannte die russischen Ansprüche auf dem Balkan an und sicherte deutsche Unterstützung für die russische Meerengenpolitik zu.

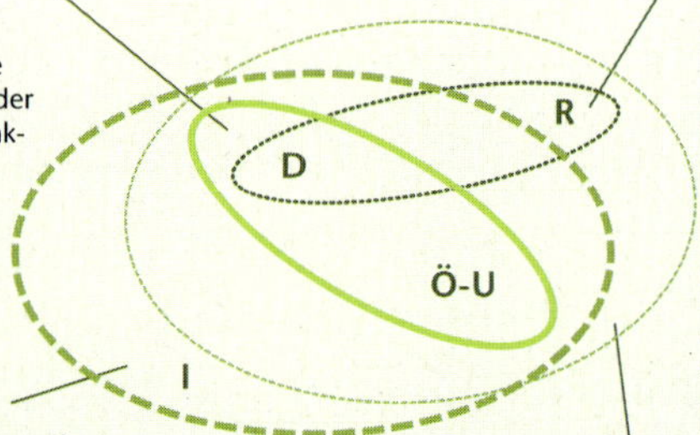

Dreibund (1882–1914):
Defensivpakt zwischen Deutschland, Österreich-Ungarn und Italien, der Hilfszusagen bei einem Angriff auf eines der drei Länder vorsah.
Ziel: Isolierung Frankreichs.

Dreikaiserbündnis (1873–1881):
Konsultativpakt zwischen Deutschland, Österreich-Ungarn und Russland.

Dreikaiservertrag (1881–1887):
Erneuerung des Dreikaiserbündnisses und Neutralitätsabkommen zwischen Deutschland, Österreich-Ungarn und Russland.
Ziel: Verringerung der Spannungen zwischen Russland und Österreich.

Das außenpolitische Bündnissystem Bismarcks

6.5 Die Entlassung Bismarcks

1888 Mit dem **Regierungsantritt Kaiser Wilhelms II.** kam es zu zunehmenden Spannungen zwischen dem Reichskanzler und dem neuen Kaiser, der eine aggressivere Außenpolitik vertrat und der vermeintlichen Weltmachtstellung des Reichs mehr Geltung zu verschaffen versuchte.
1890 Die Differenzen führten zur **Entlassung Bismarcks.**

6.6 Klausur mit Lösung

Eugen Richter zur Entlassung Bismarcks (1890)

»Gott sei Dank, dass er fort ist, so sagen wir heute ebenso aufrichtig, wie wir ihm gegenüber stets gewesen sind. Es wäre ein Segen für das Reich gewesen, wenn er schon viel früher beseitigt worden wäre. Nicht um der Person willen sagen wir dies, sondern wegen des Regierungssystems, welches Fürst Bismarck befolgte. (...)

Es ist unsere innerste Überzeugung, dass eine Fortsetzung der bisherigen inneren Politik, wie sie namentlich seit 1877 begonnen, nach einem ebensolchen Zeitraum tatsächlich Deutschland in den Abgrund geführt haben würde. (...) Dazu sind die konfessionellen Gegensätze verschärft worden, (...) durch den mittels Polizei und Strafbestimmungen geführten kirchenpolitischen Kampf (...). Das gewaltige Emporwuchern der Interessenparteien, welche rücksichtslos die Ausbeutung der Staatsgewalt auf Kosten des allgemeinen Wohles erstreben, ist zurückzuführen auf die Schutzzollpolitik und jene Schutzzollagitationen, zu welchen der Kanzler persönlich in jeder Weise aufgefordert und angereizt hat. Die Verhetzung der politischen Parteien untereinander, die Verdächtigung der Vaterlandsliebe, das Absprechen des Patriotismus für jeden politisch Andersdenkenden ist die Folge einer (...) korrumpierten Presse und des Tones, welchen die Kanzlerpresse stets angeschlagen hat gegen alle, welche einmal andere Ansichten bekundeten als der Kanzler. (...) Die Volksvertretung wurde stets in der rücksichtslosesten Weise behandelt und in ihrem Ansehen herabgewürdigt, sooft sie dem Kanzler nicht zu Gefallen stimmte. (...)

Wir sind der Meinung, die Nachwelt wird seine 28-jährige Wirksamkeit in ihrer Gesamtheit weniger in den Himmel heben, als es die Mitwelt vielfach getan hat. Vor den Augen der Letzteren kam voll und ganz zur Geltung, was er für die Einheit des Vaterlandes getan; aber wie seine falsche innere Politik an dem Volksleben gesündigt, das wird in seinem ganzen Umfang erst späteren Generationen zum vollen Bewusstsein gelangen, die noch unter den Nachwirkungen dieser Politik zu leiden haben werden.«

(zitiert nach: Gerhard A. Ritter (Hrsg.), Historisches Lesebuch, 2, 1871–1914, Frankfurt/M. 1967, S. 260 f.)

Aufgabe

Welchen politischen Standpunkt vertritt der Verfasser? Begründen Sie Ihre Ansicht am Text!

Lösungsvorschlag

Zentrales Thema des Textes ist eine kritische Bilanz der Innenpolitik Bismarcks, welche deutlich den linksliberalen Standpunkt des Verfassers erkennen lässt. Richter war Mitglied und Führer in der linksliberalen Fortschrittspartei, die stets in grundsätzlicher Gegnerschaft zu Bismarck gestanden hatte.

BISMARCKS »28-jährige Wirksamkeit in ihrer Gesamtheit« wird kritisch hinterfragt und seine Innenpolitik als »falsch« bezeichnet. Als Beispiel hierfür nennt RICHTER die stete Missachtung der parlamentarischen Rechte durch BISMARCK, wie sie etwa in der Zeit des preußischen Verfassungskonflikts 1862/66 zutage getreten sei. Die Absicherung und Ausweitung dieser parlamentarischen Rechte gegenüber Regierung und Monarch war ja stets ein Kernpunkt der linksliberalen Staatsvorstellung gewesen. Damit steht RICHTER auch im Gegensatz zu den aus der Spaltung der liberalen Partei 1866/67 hervorgegangenen konservativeren Nationalliberalen, die BISMARCKS Machtpolitik den Vorrang vor der Wahrung liberaler Prinzipien eingeräumt hatten. Deren Haltung war zum ersten Mal ebenfalls nach 1866 deutlich geworden, als der sich formierende rechte Flügel der Liberalen BISMARCKS verfassungswidrigem Verhalten während des Heereskonflikts mit der Absegnung der »Indemnitätsvorlage« nachträglich die parlamentarische Zustimmung erteilt hatte.

Auf wirtschaftspolitischem Gebiet kritisiert RICHTER vor allem die 1878/79 eingeleitete Wende des Reichskanzlers zur Schutzzollpolitik und zum staatlichen Wirtschaftsinterventionismus – eine Kehrtwende, die dem zuvor durchgeführten wirtschaftsliberalen Kurs deutlich widersprach. Die »Korrumpierung« der freien Presse und ihre Instrumentalisierung durch BISMARCK aus Gründen der praktischen Staatsräson und des Machterhalts hat nach Ansicht RICHTERS zudem nicht nur das zentrale bürgerliche Grundrecht auf freie Meinungsäußerung verletzt, sondern auch die Gräben zwischen den gesellschaftlichen Gruppen vertieft. Der Autor steht in diesem Zusammenhang auch BISMARCKS Strategie der »negativen Integration« der deutschen Gesellschaft über die Hochstilisierung von »Reichsfeinden« kritisch gegenüber: Dies zeigt die Kritik RICHTERS an BISMARCKS Strategie der »Verdächtigung der Vaterlandsliebe«, des »Absprechen[s] des Patriotismus«, welcher insbesondere die Sozialdemokratie (Sozialistengesetze 1878) und der Katholizismus (Kulturkampf 1870/78), aber auch nationale Minderheiten wie Polen oder Elsässer ausgesetzt waren.

Kapitel 7

Das Zeitalter des Imperialismus

Im letzten Drittel des 19. Jh. erreichte die politische und wirtschaftliche Machtausdehnung der europäischen Staaten, der USA und Japans über die restlichen Regionen der Welt ihren Höhepunkt. Die Epoche, in der sich dieser beispiellose Expansionsprozess vollzog, wird auch als Zeitalter des Imperialismus bezeichnet.

7.1 Elemente des Imperialismus

Mit dem Begriff Imperialismus wird in der Forschung das komplexe politische, gesellschaftliche, wirtschaftliche und weltanschauliche Faktorensystem umschrieben, das sowohl Grundlage als auch Ergebnis dieses Expansionsprozesses war:

- Bedingt durch die in der liberalen Wirtschaftsordnung möglichen hohen Gewinne hatten sich in den Industriestaaten Kapitalvermögen angesammelt, die in Übersee neue Anlagemöglichkeiten suchten. Zugleich galt es, Absatzmärkte für den Warenüberschuss der Industrieländer zu finden. Es entstand eine **globale Wirtschaftsordnung mit ungleichgewichtiger Aufgabenteilung:** Die Kolonien stellten die von den Industriestaaten abhängigen Rohstofflieferanten und die Absatzmärkte für deren Produktüberschuss dar.
- Das mit der kolonialen Expansion verbundene **Großmachtstreben** und die Konkurrenz zwischen den Kolonialmächten erzeugte nationalistische Stimmungen und ließ die Außenpolitik als wichtigstes Feld staatlichen Handelns erscheinen. Die Betonung der vermeintlichen machtstaatlichen Erfordernisse drängte liberale Vorstellungen immer stärker zugunsten autoritätsorientierter und militaristischer Haltungen in den Hintergrund. In diesem Sinne hatte der Imperialismus auch eine **ablenkende Funktion,** die von den innenpolitischen und sozialen Problemen in den Industriestaaten wegführte und den Prozess der Demokratisierung verzögerte **(Sozialimperialismus).**
- Außenpolitisch war der Imperialismus durch ein starkes **Rivalitäts- und Prestigedenken** der Großmächte gekennzeichnet. Nur eine Kolonialmacht sei eine wirkliche Großmacht. Dies führte innerhalb und außerhalb Europas zu einer aggressiven, risikobehafteten

Politik dieser Mächte untereinander, was sich auch in einem beispiellosen **Rüstungswettlauf** ausdrückte.

- Damit einher gingen zunehmend **sozialdarwinistische Vorstellungen.** Analog zu Darwins biologischer Evolutionslehre setzte sich auch in der Politik der Gedanke durch, dass nur der bestangepasste und stärkste Staat im Daseinskampf überlebe. Nur eine Nation, die sich durch eine rücksichtslose Machtstaatspolitik und koloniale Expansion ihren Platz im internationalen System behaupte, sei überlebensfähig.
- Ein Element des Imperialismus war schließlich auch das **kulturelle und zivilisatorische Sendungsbewusstsein** der europäischen Staaten, die den Kolonialvölkern ihre Kultur und ihren Glauben vermitteln wollten.
- Unterstützt wurde die europäische Expansion durch die Erweiterung der technischen Möglichkeiten, wie z. B. den Dampfschiffbau oder die Telegrafie.

7.2 Deutschland im Zeitalter des Imperialismus

Die Außenpolitik des Wilhelminischen Kaiserreichs

1888 1890 Mit dem **Regierungsantritt Kaiser Wilhelms II.** und der **Entlassung Bismarcks** begann auch im Deutschen Kaiserreich eine Wende in der Außenpolitik. Die in BISMARCKS Bündnissystem zum Ausdruck gekommene defensive Status-quo-Politik wurde zunehmend durch den Wunsch abgelöst, **Deutschland eine** den großen Kolonialmächten Frankreich und Großbritannien ebenbürtige **Weltmachtstellung** zu verschaffen, gemäß dem zeitgenössischen Spruch: »(...) aber wir verlangen auch unseren Platz an der Sonne«.

Zeichen dieser Umorientierung war zunächst eine aggressivere und konfrontationsbereitere Außenpolitik gegenüber den übrigen europäischen Mächten, die auch in einem Rüstungswettlauf mit ihnen ihren Ausdruck fand: Um die Weltgeltung des Deutschen Reichs zu unterstreichen und den deutschen Kolonialbesitz, der weitgehend schon unter BISMARCK in Afrika und im Pazifik errungen worden war, zu sichern, wurde der Bau einer großen **Kriegsflotte** in Angriff genommen.

Die deutsche Flotte sollte dabei so groß sein, dass ein Konflikt mit Deutschland auch für Großbritannien, die dominierende Seemacht der Welt, ein Risiko darstellte, weil die britische Flotte bei einem Kampf mit der deutschen so geschwächt würde, dass sie ihre weltweite Überlegenheit nicht mehr aufrecht erhalten könnte (sog. Risikoflotte). Auf diese Weise hoffte man, Großbritannien zu einem engeren Bündnis mit Deutschland zwingen zu können. Das von Kaiser WILHELM II. persönlich angestoßene und unter der Federführung des Staatssekretärs im Reichsmarineamt, Admiral ALFRED VON TIRPITZ, geplante Flottenbauprogramm wurde durch mehrere **Flottengesetze** in die Wege geleitet. ab 1898

In Großbritannien wiederum hatte man schon vorher den »Two-Power-Standard« beschlossen, d.h., die britische Flotte sollte stärker sein als die der beiden nächstgrößeren Seemächte zusammen. Die sich gegenseitig verstärkenden Vorgaben des deutschen und britischen Flottenbauprogramms führten zu einem beschleunigten Rüstungswettlauf **(deutsch-britische Flottenrivalität).**

Die deutsch-britische Flottenrivalität zeigt exemplarisch den Grad des in der Gesellschaft und den politischen Führungen im Zeitalter des Imperialismus herrschenden **Militarismus.** Militärische Erwägungen hatten Vorrang vor politischen Zielen und Überlegungen – insbesondere in der Außenpolitik. Im Kaiserreich etwa hatte der Reichskanzler als verantwortlicher Leiter der Politik nicht das Recht, zu militärischen Entscheidungen gehört zu werden. Darüber hinaus war militärisches Denken im Kaiserreich auch gesellschaftliches Gemeingut geworden und hatte zivile bürgerliche Denkformen verdrängt; insofern war der Militarismus damals kein auf die politischen Eliten begrenztes Phänomen, sondern eine soziale Massenerscheinung.

Der Zerfall des Bündnissystems Bismarcks

Die deutsche Seerüstung, verbunden mit der aggressiven Rhetorik des kaiserlichen Deutschland, führte jedoch nicht zu der erwünschten Annäherung Großbritanniens an das Kaiserreich, sondern im Gegenteil zum **Ausgleich Großbritanniens mit Frankreich und Russland.** Spätestens nach der Niederlage Russlands im **russisch-japanischen Krieg** und der Vernichtung der russischen Ostseeflotte in der Seeschlacht bei Tsushima durch die Japaner betrachtete Großbritannien Deutschland 1904/1905

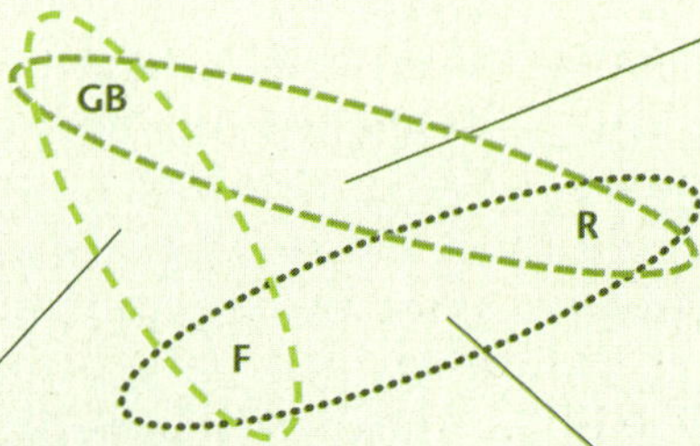

Britisch-russischer Ausgleich (1907–1917/18):
Abkommen über die Aufteilung der Interessenzonen beider Länder in Persien und Afghanistan. Brachte Großbritannien die Sicherung Indiens und Russland die britische Unterstützung in der Meerengenfrage. Ergänzt die Entente cordiale und den franz.-russ. Zweibund zur sog. **Tripelentente** (Großbritannien, Frankreich, Russland).

Entente cordiale (1904–1918):
Ausgleich zwischen Frankreich und Großbritannien hinsichtlich der kolonialen Interessen beider Länder.
Britisch-französischer Notenaustausch über die militärische Zusammenarbeit 1912:
Diplomatische Verpflichtung Großbritanniens zur militärischen Unterstützung Frankreichs im Falle eines deutschen Angriffs.

Französisch-russischer Zweibund (1894–1917/18):
Gegenseitige militärische Unterstützung im Falle eines Angriffs durch das Deutsche Kaiserreich. Beseitigte damit die in Bismarcks Bündnissystem zentrale Isolierung Frankreichs.

Das Bündnissystem der Entente vor Ausbruch des Ersten Weltkriegs

1907 als die bedrohlichste Macht in Europa. Mit dem daraus resultierenden **britisch-russischen Ausgleich** als dem Schlussstein hatte sich auch aufseiten der »Entente« die Bündniskonstellation herausgebildet, die zum Ersten Weltkrieg führte.

7.3 Die Krise des internationalen Systems im Zeitalter des Imperialismus

Die steigenden Spannungen, durch die das Staatensystem am Vorabend des Ersten Weltkriegs gekennzeichnet war, kamen in einer Reihe
1905/ 1906 1911 zunehmend ernster **internationaler Krisen** zum Ausdruck: In der **Ersten** und **Zweiten Marokkokrise** versuchte Deutschland sich der Ausweitung des französischen Einflusses in Marokko zu widersetzen. In der Zweiten Marokkokrise sollte den deutschen Forderungen sogar durch die Entsendung des Kanonenbootes »Panther« nach Agadir (sog. »Panthersprung nach Agadir«) Nachdruck verliehen werden. In den folgenden Abkommen wurde Frankreich aber die Errichtung eines Protektorats in Marokko zugestanden. Deutschland erhielt zwar als Kompensation Neu-Kamerun, war aber diplomatisch zunehmend isoliert.

Insbesondere der **Balkan** erwies sich als europäischer Krisenherd, weil dort die Interessen Österreich-Ungarns und Russlands direkt auf-
1908 einander prallten. Die **Annexion Bosnien-Herzegowinas durch das**

Habsburgerreich rief den Protest Serbiens hervor, das selbst ein großserbisches Reich auf dem Balkan errichten wollte. Die serbischen Großmachtwünsche und der damit verbundene Widerstand gegen die Expansion der Habsburgermonarchie auf dem Balkan wurden nun zunehmend von Russland unterstützt. Hintergrund hierfür waren nicht nur die strategischen Interessen des Zarenreichs auf dem Balkan, sondern auch die **panslawistische Ideologie,** d.h. der Gedanke einer gemeinsamen Solidarität und Machtentfaltung aller slawischen Völker. Aus dem **Ersten** und **Zweiten Balkankrieg** ging Serbien zwar als Gewinner hervor, Österreich-Ungarn gelang es aber mit der Durchsetzung der Unabhängigkeit Albaniens, die serbischen Bestrebungen nach einem Adriazugang zu verhindern. 1912/1913

Die russische Unterstützung für Serbien auf der einen und die Bündnisverpflichtungen des Deutschen Kaiserreichs mit Österreich-Ungarn auf der anderen Seite lösten dann bei der nächsten Konfrontation zwischen der Habsburgermonarchie und Serbien einen Automatismus aus, der die Welt in den Ersten Weltkrieg führte. Den zündenden Funken in dieser explosiven Situation legte das **Attentat** eines serbischen Nationalisten **auf** den österreichischen Thronfolger **Erzherzog Franz Ferdinand** in der bosnischen Hauptstadt Sarajevo. 1914 28.6.

7.4 Klausur mit Lösungen

Eyre Crowe, ein hoher Beamter im britischen Außenministerium, äußert sich im Jahre 1907 zur britischen Deutschlandpolitik

»Ein kluger deutscher Staatsmann würde die Grenzen erkennen, auf die sich jede Weltpolitik beschränken muss, wenn sie keinen feindlichen Zusammenschluss sämtlicher Nationen in Waffen herausfordern soll. Er würde sich darüber klar sein, dass der Bau des Alldeutschtums mit seinen Außenbastionen in den Niederlanden, in den skandinavischen Ländern, in der Schweiz, in den deutschen Provinzen Österreichs und am Adriatischen Meer niemals auf einer anderen Grundlage als den Trümmern der Freiheiten Europas ausgeführt werden könnte. Es muss anerkannt werden, dass eine deutsche Vorherrschaft zur See mit dem Bestehen des britischen Reiches unvereinbar ist, und selbst wenn dies Reich verschwände, würde die Vereinigung der größten Militär- mit der größten Seemacht in einem Staate die Welt zwingen, sich zur Beseitigung eines solchen Albs zusammenzuschließen. (...) Entweder strebt Deutschland entschlossen eine allgemeine politische Hegemonie und maritime Überlegenheit an, die die Unabhängigkeit seiner Nachbarn und schließlich die Existenz Englands bedrohen.

Oder Deutschland hat, frei von einer derart scharf ausgeprägten Ambition und für den Augenblick nur darauf bedacht, seine rechtmäßige Stellung und seinen Einfluss als eine der führenden

Mächte im Rate der Nationen zu benutzen, das Bestreben, seinen Außenhandel zu fördern, die Segnungen deutscher Kultur auszubreiten, das Betätigungsfeld seiner nationalen Kräfte zu erweitern und überall in der Welt neue deutsche Interessen zu schaffen, wo und wann immer sich eine friedliche Gelegenheit darbietet, wobei es einer ungewissen Zukunft die Entscheidung überlässt, ob nicht der Eintritt großer Veränderungen in der Welt Deutschland eines Tages einen größeren Anteil an direkter politischer Aktion auf Gebieten zuweisen wird, die jetzt nicht zu seinen Besitzungen gehören, und zwar ohne jede Verletzung der feststehenden Rechte anderer Länder, die unter den jetzigen politischen Verhältnissen mit jeder solchen Aktion verbunden wäre.

(...) Solange England dem allgemeinen Grundsatz der Aufrechterhaltung des Gleichgewichts der Macht treu bleibt, wäre seinen Interessen nicht damit gedient, wenn Deutschland auf den Rang einer schwachen Macht herabgedrückt würde, da dies leicht zu einem französisch-russischen Übergewicht führen könnte, das für das britische Reich ebenso furchtbar, wenn nicht noch furchtbarer wäre. Es gibt keine bestehenden territorialen oder sonstigen deutschen Rechte, die England vermindert zu sehen wünschen könnte. Solange die Aktion Deutschlands daher die Grenze eines berechtigten Schutzes bestehender Rechte nicht überschreitet, kann es immer auf die Sympathie und das Wohlwollen, ja sogar auf die moralische Unterstützung Englands rechnen. (...)

Wenn Deutschland (...) Mittel und Wege findet, friedlich und ehrenhaft seinen Handel und seine Marine zu vermehren, Kohlenstationen oder andere Häfen zu erlangen, Landungsrechte für Kabel zu erwerben oder sich Konzessionen für die Beschäftigung deutschen Kapitals oder deutscher Industrien zu verschaffen, sollte es England nie in seinem Wege finden. (...)«

(zitiert nach: Gottfried Niedhart, Internationale Beziehungen im 19. und 20. Jahrhundert, Düsseldorf 1978, S. 69 f.)

Aufgaben

a Welche Haltung nimmt der Text zu den britisch-deutschen Beziehungen ein?

b Welche Möglichkeiten bleiben aus britischer Sicht für die deutsche Politik?

Lösungsvorschläge

a Der Text analysiert die britisch-deutschen Beziehungen aus britischer Sicht und unter Berücksichtigung der Traditionen britischer Außenpolitik. Ganz im Sinne des – von Großbritannien am konsequentesten vertretenen – Prinzips des Gleichgewichts der Mächte ist Crowe hier der Meinung, dass die »Vereinigung der größten Militär- [soll heißen: Landstreitmacht] mit der größten Seemacht in einem Staate«, die sich aufgrund des wilhelminischen Flottenrüstungsprogramms abzeichnete, für die übrige Welt ein destabilisierender Faktor sei; die Ergänzung des bereits die stärkste Landstreitmacht des Kontinents stellenden deutschen Heeres mit der vom Kaiserreich angestrebten »deutschen Vorherrschaft zur See« sei für Großbritannien unannehmbar: eine deutsche Hegemonie in Kontinentaleuropa gefährde nicht nur die Unabhängigkeit der übrigen europäischen Staaten, sondern zudem den globalen Führungsanspruch der Kolonial- und Seemacht Großbritannien, letztlich auch »die Existenz Englands« selbst. Crowe macht aber auch deutlich, dass weitere deutsche Kolonialerwerbungen und eine Erweiterung der Einflusszonen des Kaiserreichs wahrscheinlich seien und akzeptiert werden müssten.

Der Grund hierfür sei, dass man »gemäß dem allgemeinen Grundsatz der Aufrechterhaltung des Gleichgewichts der Macht« auf Deutschland als Partner zur Neutralisierung eines drohenden französisch-russischen Übergewichts in Europa angewiesen sei. Crowes Analyse macht den großen Stellenwert deutlich, den die Regierungen in Europa damals der Flottenpolitik im Besonderen und der Militärpolitik im Allgemeinen zumaßen. Sie zeigt damit auch die für das Zeitalter des Imperialismus typische Dominanz des militärischen Denkens und des Großmachtstrebens in der Außenpolitik.

b Großbritannien ist nach Crowe bereit, Deutschland als Partner zu betrachten, wenn es sich in seinen Flottenrüstungen europäischen Gleichgewichtsstrukturen unterordne. Im wirtschaftlichen Bereich gesteht es dem Kaiserreich die Vertretung berechtigter Interessen zu [»(…) seinen Außenhandel zu fördern (…)«] und ist auch willens, im Bereich der Kolonialpolitik eine gewisse, allerdings friedliche Expansion Deutschlands zu akzeptieren. Dies bedeutete für Deutschland gemäß dem außenpolitischen Denken im Zeitalter des Imperialismus die Möglichkeit der Sicherung seines Großmachtstatus.

Der Erste Weltkrieg und die Revolution in Deutschland (1914–1918/19)

Der Ausbruch des Ersten Weltkriegs war eine Folge der tief greifenden Krise des imperialistischen Staatensystems: In den Krieg führten die für das Zeitalter des Imperialismus charakteristischen Phänomene wie die übersteigerten machtpolitischen Rivalitäten zwischen den europäischen Großmächten, der Rüstungswettlauf und der Verlust des defensiven Charakters der europäischen Bündnisse. Hierzu gesellten sich – gleichsam als Kehrseite der zunehmenden Demokratisierung – ein aggressiver Massennationalismus und Militarismus, die die Bereitschaft zum Krieg mehr und mehr verstärkten.

Der Krieg endete für die Mittelmächte mit dem Sturz der Monarchien und der Einführung demokratischer Verfassungen. Die Durchsetzung des Nationalitätenprinzips erzeugte beim Zerfall der Vielvölkerstaaten Russland und Österreich-Ungarn neue zukünftige Konfliktherde. Mit dem Kriegseintritt der USA und der revolutionären Entstehung der Russischen Sowjetrepublik im »Epochenjahr« 1917 (siehe S. 96–97) sowie dem Niedergang des europäisch bestimmten Weltstaatensystems zeichnete sich bereits die neue internationale Ordnung ab, die das Jahrhundert bis zum Ende des Kalten Krieges prägen sollte.

8.1 Der Weg in den Krieg

1914

Der diplomatisch-militärische Mechanismus, der Europa nach dem **Attentat** eines serbischen Nationalisten **auf** den österreichischen
28.6. Thronfolger **Erzherzog Franz Ferdinand** scheinbar unausweichlich auf den Krieg zutreiben ließ, wird auch als **Julikrise** bezeichnet.
5./6.7. Zunächst erhielt Österreich-Ungarn die **deutsche »Blankovollmacht«**, dass ein militärisches Vorgehen gegen Serbien auf jeden Fall von Deutschland unterstützt werde. In Berlin war man der Überzeugung, dass das wachsende Gewicht Russlands in Europa eine zunehmende Bedrohung der Interessen des Kaiserreichs darstelle. Durch ein offensives militärisches Vorgehen Österreichs gegen Serbien zu diesem Zeitpunkt glaubte man Österreichs schwache Großmachtstellung aufwerten und zugleich den Konflikt noch einmal auf den Balkan begrenzen zu können. Mit dieser Rückendeckung stellte Österreich-Ungarn sein
23.7. **Ultimatum an Serbien** (Dingfestmachung der Hintermänner des Attentats) so, dass seine Erfüllung kaum realisierbar war.

Nachdem Russland Serbien seine militärische Unterstützung gegen einen österreichischen Angriff zugesichert hatte, ließ Serbien das Ultimatum verstreichen. Daraufhin kam es zur **Kriegserklärung Österreich-Ungarns an Serbien.** Als Reaktion hierauf ordnete Russland die Generalmobilmachung an, deren Zurücknahme wiederum das Deutsche Kaiserreich ultimativ forderte. Nach Ausbleiben einer russischen Antwort folgte die **deutsche Kriegserklärung an Russland** und die Mobilmachung in Frankreich. Dies führte zur **Kriegserklärung Deutschlands an Frankreich** und zum **deutschen Einmarsch in das neutrale Belgien,** was schließlich den **Kriegseintritt Großbritanniens an der Seite Frankreichs** auslöste. Damit hatte der Erste Weltkrieg begonnen.

28.7.

1.8.

3.8.

3.8.

4.8.

Die beiden Bündnisblöcke (die »**Mittelmächte**« Deutschland, Österreich-Ungarn, dann auch die Türkei und Bulgarien auf der einen Seite und die »**Entente**« aus Frankreich, Großbritannien, Russland, später auch Italien und weiteren kleineren Staaten auf der anderen Seite) waren also scheinbar durch einen Automatismus in den Krieg gerutscht. Dies zeigt, wie das damalige Vorherrschen militärstrategischer Überlegungen und militaristischer Grundhaltungen die politischen Handlungsmöglichkeiten, die eventuell zu einer Entschärfung der Krise hätten führen können, in den Hintergrund drängte: Auf deutscher Seite etwa hatte man sich als Konsequenz aus der zunehmenden außenpolitischen Isolation des Reichs mit dem 1905 entworfenen **Schlieffenplan** auf einen Zweifrontenkrieg gegen Frankreich und Russland eingestellt. Eine rasche Offensive im Westen, in deren Verlauf man mittels eines Durchmarsches durch das neutrale Belgien die französische Armee von Norden her zu umfassen plante, sollte zur schnellen Niederringung Frankreichs führen, bevor die russischen Truppen im Osten die Kriegsbereitschaft hergestellt hätten. Die politische Folge dieses Plans war die Notwendigkeit, sofort konfrontativ auf etwaige russische Mobilmachungsmaßnahmen zu reagieren. Der Durchmarsch durch Belgien, dessen Neutralität Großbritannien garantierte, bedeutete wiederum den Kriegseintritt Londons.

8.2 Die ersten Kriegsjahre

1914

Während es der deutschen Armee im Osten gelang, den russischen Vormarsch in Ostpreußen zurückzuwerfen **(Schlacht bei Tannenberg)** und im folgenden Jahr Litauen, Kurland, Polen und Galizien zu erobern, 26.–30.8.

1914 scheiterte der Schlieffenplan im Westen völlig, als die französische Armee den deutschen Vormarsch in Frankreich im Herbst zum Stehen
5.–12.9. brachte (Marneschlacht). Der von den Militärs beider Seiten geplante Bewegungskrieg wurde daraufhin im Westen zum **Stellungskrieg**, in
1916 dem oft unter Verlusten von Tausenden von Menschenleben um Geländegewinne von wenigen Hundert Metern gekämpft wurde. Bei der
21.2.–Dez. Verdunoffensive verloren auf beiden Seiten je etwa 350 000 Soldaten ihr Leben, die Schlacht an der Somme forderte bei einem alliierten Ge- Juni–N
ländegewinn von nur 12 km über eine Million Menschenleben.

8.3 Der Krieg im industriellen Zeitalter

Schon früh zeigte sich, dass dieser erste globale Krieg des industriellen Zeitalters seiner Härte und Dauer wegen eine neue Qualität hatte:

- Der Erste Weltkrieg führte zu einer bis dahin nie da gewesenen Mobilisierung menschlicher, wirtschaftlicher und technisch-wissenschaftlicher Ressourcen der beteiligten Länder.
- Infolge dieser völligen Beanspruchungen der Wirtschaftskraft kam es zu einem immer stärkeren Eingreifen des Staates in die Volkswirtschaft (Kriegswirtschaft) mit neuen Formen der Rationierung und staatlichen Überwachung des Wirtschaftslebens (z. B. Lebensmittelkarten).
- Neuartig war auch der Einsatz der Frauen in der Rüstungsindustrie, der die Frauenemanzipation förderte.
- An der Front führte die neuartige »technisch-industrielle« Kriegsführung (Massenheere, Materialschlachten, Massenvernichtungswaffen, so der erstmalige Einsatz von Giftgas durch die Deutschen) zu unerhörten Menschenverlusten. Insgesamt forderte der Erste Weltkrieg ca. 10 Millionen Tote und 20 Millionen Verwundete.

8.4 Das »Epochenjahr« 1917: Kriegseintritt der USA und russische Oktoberrevolution

Zu Kriegsbeginn war in der Nordsee eine **britische Seeblockade** eingerichtet worden, die bei den Mittelmächten unter anderem zu einer Verschärfung der Versorgungslage mit Nahrungsmitteln führte. Als Reaktion hierauf nahm das Deutsche Reich den **U-Boot-Handelskrieg** auf, d. h. die Torpedierung aller Handelsschiffe Krieg führender und neutraler Staaten innerhalb der erklärten Seekriegsgewässer. Zwischenfälle wie etwa die Versenkung des britischen Passagierdampfers »Lusitania« durch ein deutsches U-Boot (7. Mai 1915), bei der auch 139 US-Staatsbürger ums Leben kamen, verschärften auch die Spannungen zwischen dem Kaiserreich und den bislang neutralen USA. Aufgrund scharfer Protestnoten der Vereinigten Staaten wurde der U-Boot-Handelskrieg zunächst zwar eingeschränkt. Gegen den Willen der politischen deutschen Führung unter Reichskanzler BETHMANN HOLLWEG erklärte das Kaiserreich jedoch im vierten Kriegsjahr den **uneingeschränkten U-Boot-Krieg.** Nachdem die öffentliche Meinung in den USA unter Präsident WOODROW WILSON schon seit längerer Zeit immer stärker zu einem Eingreifen gedrängt hatte, führte dieser Schritt schließlich zum **Eintritt der USA in den Krieg** an der Seite der Entente.

1917

1. 2.

6. 4.

Neben dem Kriegseintritt der USA wurde der Sturz der Zarenherrschaft und die Errichtung eines kommunistischen Regimes durch WLADIMIR ILJITSCH ULJANOW (LENIN) in der **Oktoberrevolution in Russland** (siehe S. 104) zum zweiten zentralen Ereignis des **»Epochenjahres« 1917.** In beiden Daten kündigte sich bereits das von den USA und der Sowjetunion dominierte bipolare System und der für das 20. Jh. zentrale Konflikt zwischen dem westlich-kapitalistischen und dem kommunistischen Gesellschaftsentwurf an.

7. 11.
nach russ. Kalender 25. 10.

Zunächst führte der Umsturz in Russland jedoch zum **Friedensschluss im Osten.** Nach marxistischer Lesart war der Erste Weltkrieg und der mit ihm einhergehende aggressive Nationalismus nur ein Ablenkungsmittel der herrschenden Klassen, um eine Solidarisierung der Arbeiter der verschiedenen Staaten miteinander und ihre baldige, den Krieg beendende revolutionäre Erhebung gegen das bürgerlich-kapitalistische System zu verhindern. Die neue, kommunistische Regierung Russlands beugte sich deshalb im **Frieden von Brest-Litowsk** den Forderungen der Mittelmächte und schied damit aus dem Krieg aus: Die Ukraine und Finnland wurden unabhängig, Russland musste auf Polen, Estland, Livland, Kurland und Litauen verzichten.

1918

3. 3.

8.5 Die innenpolitischen Auswirkungen des Kriegs in Deutschland

1914

Die innenpolitische Situation des Kaiserreichs stand während des Krieges zunächst im Zeichen des sog. **Burgfriedens:** Alle inneren Konflikte sollten zugunsten der Kriegsanstrengung vertagt werden. So hatten

1916 auch die **Sozialdemokraten** – während des Bismarckreichs noch als »Reichsfeinde« gescholten – der Politik der Reichsregierung zugestimmt und im Reichstag bei Kriegsbeginn die **Kriegskredite gebilligt.**

4.8.

5.12. Große Bedeutung erlangte das **Gesetz über den Vaterländischen Hilfsdienst,** das die Arbeitspflicht aller nicht zum Kriegsdienst eingezogenen männlichen Deutschen zwischen dem 17. und dem 60. Lebensjahr vorschrieb. Dieses Gesetz macht nicht nur das Übergreifen des Staates in Wirtschaft, Gesellschaft und in den Bereich der persönlichen Freiheit deutlich. Mit der Errichtung geheim gewählter Arbeiter- und Angestelltenausschüsse in den Betrieben und paritätischer Schlichtungsausschüsse gewährte es den Gewerkschaften erstmals direkten Einfluss in den Unternehmen und legte den Grundstein für die modernen, heute noch gültigen Formen der betrieblichen Mitbestimmung.

1917 Dennoch verschärften sich aufgrund der schwieriger werdenden Ernährungslage, der Revolution in Russland und des Kriegseintritts der USA die innenpolitischen Spannungen. Durch die Ankündigung in seiner **Osterbotschaft** 1917, das preußische Dreiklassenwahlrecht zugunsten des allgemeinen und gleichen Wahlrechts aufzuheben, versuchte WILHELM II. vergebens, die Lage zu beruhigen.

7.4.

April Der linke Flügel der Sozialdemokraten wollte zudem die Verlängerung der Kriegskredite nicht mehr mit tragen. Daraufhin kam es zu einer **Spaltung der SPD** in die **Mehrheitssozialdemokraten** (MSPD) und die **Unabhängige Sozialdemokratische Partei Deutschlands** (USPD).

8.6 Niederlage und Revolution

1918 Die durch den Kriegseintritt der USA immer mehr zunehmende wirtschaftliche und militärische Überlegenheit der Alliierten machte die Niederlage der Mittelmächte unaufhaltsam. Dies zeigte sich z.B. in der

8.–11.8. **Schlacht von Amiens,** als britische Truppen mit Hunderten von Tanks (Panzer) die deutsche Front durchbrachen und einen deutschen Rückzug erzwangen. Schließlich erklärte die **Oberste Heeresleitung** unter Generalstabschef PAUL VON HINDENBURG und ERICH LUDENDORFF die Fort-

29.9. führung des Krieges für aussichtslos und **forderte ein sofortiges Waffenstillstandsangebot** an die Aliierten. Die neu ernannte Reichsregierung unter Reichskanzler Prinz MAX VON BADEN, der die Mehrheitsparteien Links- und Nationalliberale, Zentrum und auch die MSPD angehörten, legte daraufhin dem amerikanischen Präsidenten WILSON auf Grundlage von dessen 14-Punkte-Friedensplan ein **Waffenstillstandsangebot** vor. 3./4. 10.

WILSON forderte die Abdankung des Kaisers und die Demokratisierung Deutschlands sowie die Räumung der besetzten Gebiete und militärische Sicherheiten. Um die Ausgangslage Deutschlands bei den Friedensverhandlungen zu verbessern, wurde eine **Verfassungsreform** (28. 10.) durchgeführt, die das Reich parlamentarisierte: Reichskanzler und Reichsregierung sollten künftig dem Reichstag und nicht mehr dem Kaiser verantwortlich sein, Kriegserklärung und Friedensschluss bedurften der Zustimmung des Reichstags und des Bundesrates.

Der Machtzerfall der militärischen und zivilen Autoritäten in Deutschland konnte jedoch nicht mehr aufgehalten werden: Mit der **Meuterei** (29. 10.) **von Matrosen der deutschen Hochseeflotte in Wilhelmshaven** begannen die revolutionären Unruhen, die sich in den folgenden Tagen schnell ausbreiteten. In München wurde unter KURT EISNER (USPD) die Wittelsbacher Monarchie gestürzt und die **»demokratische und soziale** (7. 11.) **Republik Bayern«** ausgerufen. Schließlich gab Reichskanzler MAX VON BADEN die **Abdankung Wilhelms II.** (9. 11.) bekannt, der nach Holland ins Exil ging. Am selben Tag erfolgte in Berlin die zweimalige **Ausrufung der Republik** durch PHILIPP SCHEIDEMANN (SPD) und KARL LIEBKNECHT (Spartakus). Prinz MAX VON BADEN übertrug zugleich die Regierungsgeschäfte an den SPD-Vorsitzenden FRIEDRICH EBERT, der mit der **Bildung einer** (10. 11.) **neuen Regierung (Rat der Volksbeauftragten)** mit drei Vertretern der Mehrheitssozialdemokraten und drei Vertretern der Unabhängigen Sozialdemokraten (USPD) begann. Kurz darauf wurde in Compiègne (nordöstlich von Paris) der **Waffenstillstand** abgeschlossen. 11. 11.

Damit hatte der Erste Weltkrieg die bisherige staatliche Ordnung des deutschen Kaiserreiches zerstört und erstmals eine **republikanische Staatsform** für Deutschland geschaffen.

8.7 Klausur mit Lösungen

Wilhelm II. beurteilt 1922 in seinen Memoiren die Revolution von 1918

»Der Umsturz hat ungeheure Werte vernichtet. Er wurde in dem Augenblick durchgeführt, als der Daseinskampf des deutschen Volkes abgeschlossen werden sollte und alle Kräfte sich zum Wiederaufbau zusammenschließen mussten. Es war ein Verbrechen am Volke. Ich weiß sehr wohl, dass viele, die zur sozialdemokratischen Fahne standen, die Revolution nicht wollten. Auch einzelne sozialdemokratische Führer wollten sie zu diesem Zeitpunkte nicht; mancher von ihnen war bereit, mit mir zu arbeiten. Aber diese Sozialdemokraten haben es nicht verstanden, die Revolution zu verhindern; darin liegt ihre Mitschuld an den heutigen Verhältnissen. Dies umso mehr, als die Sozialistenführer den revolutionären Massen näher standen als die Vertreter des monarchischen Staates, also mehr Einfluss ausüben konnten. Aber die Führer hatten schon in der Vorkriegszeit den revolutionären Gedanken in die Massen getragen und gepflegt, und die Sozialdemokratie war seit jeher ein offener Feind der früheren, der monarchischen Staatsform und strebte programmmäßig nach deren Beseitigung. Sie hat Wind gesät und Sturm geerntet. Zeitpunkt und Art des Umsturzes ist auch manchen Führern nicht recht gewesen. Aber gerade sie haben in der entscheidenden Stunde die Führung den zügellosen Elementen überlassen und haben ihren Einfluss zur Erhaltung des Staates nicht aufgeboten. Die Regierung des Prinzen Max von Baden musste die alte Staatsform schützen. Sie hat ihre heilige Pflicht nicht erfüllt, weil sie sich in Abhängigkeit von den sozialistischen Führern begeben hatte, die ihrerseits ihren Einfluss auf die Massen an die radikalen Elemente verloren hatten. Die Hauptschuld fällt also auf die Führung. Deshalb wird die Geschichte nicht die deutsche Arbeiterschaft mit dem Fluch des Umsturzes belasten, sondern deren Führer, soweit sie die Revolution gemacht oder nicht verhindert haben, und die Regierung des Prinzen Max von Baden. Die deutsche Arbeiterschaft hat sich unter mir im Felde glänzend geschlagen und auch zu Hause jahrelang für Munition und Kriegsgerät gesorgt. Das darf nicht vergessen werden. Später erst bröckelten Teile von ihr ab. Das war aber Schuld der Agitatoren und Umstürzler, nicht des anständigen, patriotischen Teiles der Arbeiterschaft. Die gewissenlosen Hetzer sind die wahrhaft Schuldigen an dem völligen Zusammenbruche Deutschlands. (...)«

(zitiert nach Kaiser Wilhelm II.: Ereignisse und Gestalten aus den Jahren 1878–1918. Leipzig 1922, S. 288 f.)

Aufgaben

a Arbeiten Sie die Haltung Wilhelms II. zur Revolution von 1918 heraus.

b Überprüfen Sie sein Urteil über die in dem Textausschnitt angesprochenen Politiker!

Lösungsvorschläge

Wilhelm II. lehnt die Revolution von 1918 vollständig ab. Er hält sie für ein »Verbrechen am Volke«. Die eigentliche Verantwortung für den Umsturz der monarchischen Ordnung tragen seiner Einschätzung nach aber die Führer der Sozialdemokratie. Sie hätten die Revolution nicht verhindert, obwohl sie »den revolutionären Massen näher standen als die Vertreter des monar-

chischen Staates, also mehr mäßigenden Einfluss ausüben konnten.« WILHELM II. betrachtet die Führung der Sozialdemokratie schon allein aufgrund ihres Parteiprogramms als Feind der Monarchie. Der Arbeiterschaft an sich stellt der ehemalige Kaiser aber ein gutes Zeugnis aus (»hat sich unter mir im Felde glänzend geschlagen und auch zu Hause jahrelang für Munition und Kriegsgerät gesorgt.«). Dies ist ein Ergebnis des zum Teil bereits nationalen und nicht mehr nur rein dynastischen Staatsverständnisses WILHELMS II., das die verschiedenen sozialen Gruppen im
a Reich integriert. Ein weiterer Verantwortlicher für die Revolution ist seiner Meinung nach der letzte Reichskanzler des Kaiserreichs, Prinz MAX VON BADEN, da seine Regierung »ihre heilige Pflicht nicht erfüllt(e)«, die Monarchie zu schützen.

Die auch im Exil ungebrochene monarchische Perspektive des Kaisers wird auch in seiner Wortwahl deutlich. Der revolutionäre Wandel der Staatsform wird als »Umsturz«, als »Fluch des Umsturzes« und als »Schuld« bezeichnet. Auch noch 1922 sind für WILHELM II. die Arbeiterführer »Agitatoren«, »Umstürzler« und »gewissenlose Hetzer«.

Die Behauptung WILHELMS II., die sozialdemokratische Führung habe »die Führung den zügellosen Elementen überlassen«, ist nicht zutreffend, da die gemäßigteren Mehrheitssozialdemokraten im »Rat der Volksbeauftragten« zu gleichen Teilen vertreten waren wie die radikalere USPD, und der SPD-Vorsitzende EBERT zudem als Reichskanzler Regierungsverantwortung übernommen hatte. Darüber hinaus setzte die SPD, insbesondere ihr Vorsitzender EBERT, auf eine friedliche und gesetzmäßige Weiterentwicklung der Ende Oktober 1918 reformierten Verfassung, welche bereits die Parlamentarisierung der Regierung mit sich gebracht hatte. Schon die Zustimmung zu den Kriegskrediten durch die Reichstagsabgeordneten der SPD im Jahr 1914 hatte zudem gezeigt, dass die Sozialdemokraten und ihre Führer nicht die gescholtenen »vaterlandslosen Gesellen« waren, sondern sich in gewissem Maße mit dem monarchischen Staat arrangiert hatten, auch wenn das Parteiprogramm marxistische Ideen beibehalten hatte.

WILHELM II. verkennt darüber hinaus völlig, dass der Machtzerfall im kaiserlichen Deutschland erst eintrat, als die Aussichtslosigkeit einer Fortführung des Krieges überdeutlich wurde. Die Sozialdemokratie war damit also nicht, wie von den rechtskonservativen Kräften damals
b behauptet wurde, dem »im Felde unbesiegten« Heer in den Rücken gefallen (sog. Dolchstoßlegende). Die Oberste Heeresleitung selbst hatte ja darauf gedrängt, dass die Reichsregierung einen Waffenstillstand anbieten solle. Insofern ist auch die Meinung des Kaisers, der Umsturz sei in dem Augenblick durchgeführt worden, »als der Daseinskampf des deutschen Volkes abgeschlossen werden sollte«, falsch. Die Revolution hatte also keinesfalls angeblich weiterhin vorhandene Aussichten auf einen militärischen Sieg zunichte gemacht. WILHELM II. erwähnt auch nicht, dass es nicht nur eine Forderung der Sozialdemokraten, sondern – wie die 14 Punkte WILSONS zeigen – auch der Kriegsgegner Deutschlands gewesen war, dass das Reich demokratisiert und in eine Republik umgewandelt werden sollte. Ebenso geht der ehemalige Kaiser nicht darauf ein, dass es letztlich die von ihm selbst mitverschuldete, risikoreiche Außenpolitik des Deutschen Reichs vor 1914 war, welche insbesondere aufgrund der Flottenrüstung und der ungeschickten Handhabung der Julikrise 1914 zum Krieg führte.

Die Urteile WILHELMS II. sind also durchweg von gravierenden Fehleinschätzungen und Illusionen gekennzeichnet und werden den geänderten Verhältnissen in der Zeit der Weimarer Republik nicht gerecht.

Die Grundlegung der bipolaren Welt: Russland und die USA bis 1918

Die Ereignisse im »Epochenjahr« 1917 leiteten das Ende des bis dahin europäisch bestimmten Weltstaatensystems ein. In ihnen kündigten sich zudem bereits die von den USA und der Sowjetunion dominierte bipolare Ordnung und der globale Wettstreit zwischen dem westlich-bürgerlichen und dem kommunistischen Gesellschaftssystem an, der das 20. Jh. als das »Zeitalter der Ideologien« bis zum Ende des Kalten Krieges beherrschen sollte. Die Geschichte Russlands und der USA im 19. Jh. hatte die Grundlagen hierzu gelegt.

9.1 Vom Zarenreich zur Russischen Sowjetrepublik: Russland im 19. und frühen 20. Jahrhundert

Das Besitz- und Bildungsbürgertum, das in West- und Mitteleuropa die Veränderungsprozesse und Revolutionen des 19. Jh. getragen hatte, war in Russland nur sehr schwach ausgebildet. Es waren deshalb auch russische Offiziere, die im Krieg gegen NAPOLEON modernes westeuropäi-
1825 sches Gedankengut kennen gelernt hatten, die im sog. **Dekabristenaufstand** den Eid auf den neuen Zaren NIKOLAUS I. verweigerten und eine Beschränkung der Regierungsgewalt des Zaren durch eine Volksvertretung forderten. Obwohl der Dekabristenaufstand scheiterte, gelten die Dekabristen als Vorkämpfer revolutionären Denkens im Zarenreich.

Bis zum Ende der zaristischen Herrschaft blieb die russische Gesellschaft nahezu ausschließlich agrarisch geprägt; so waren noch bis 1917 80% der Bevölkerung Bauern. Diese befanden sich außerdem bis Mitte des 19. Jh. unter der wirtschaftlichen und rechtlichen Verfügungsgewalt des grundbesitzenden Adels. Die danach auch hier durchgeführ-
1861 ten Agrarreformen **(»Manifest über die Bauernbefreiung«)** verbesserten die Lage aber nicht, sondern verschärften sie sogar noch, weil sie aufgrund zu geringer Landzuteilungen an die Bauern und zu hoher Ablösesummen eine ländliche Massenarmut schufen. Ein wachsender »Landhunger« sorgte für sozialen Zündstoff auf den Dörfern und trieb ein hungerndes Landproletariat in die Industriezentren und Städte. Da die Industrialisierung des Landes erst gegen Ende des 19. Jh. einsetzte und nur punktuell stattfand, entstand auch nur eine zahlenmäßig

geringe Industriearbeiterschaft, deren miserable Arbeitsbedingungen sie jedoch zunehmend zu einem Unruheherd werden ließ.

Zuvor jedoch wurde die Opposition gegen die autokratische Herrschaft des Zaren vom Adel sowie Studenten und Gebildeten bestimmt, also aus der sich aus den verschiedensten sozialen Gruppen zusammensetzenden **Intelligentsia:** Seit den Dreißigerjahren des 19. Jh. hatten sich an den russischen Universitäten intellektuelle Zirkel zusammengefunden, die von den Ideen des westeuropäischen Sozialismus beeinflusst waren und eine gerechte Sozial- und Wirtschaftsordnung forderten. Teile der Intelligentsia verbanden sich bald mit nationalistischen, volkstumsidealisierenden Gruppen (Bewegung der **Narodniki**) oder radikalisierten sich in **anarchistischen Verbindungen** (MICHAIL BAKUNIN).

Mit dem Versuch, das Land ab den 1890er-Jahren zu industrialisieren, entstand jedoch auch in Russland der Nährboden für die Ideen von KARL MARX. Die Anhänger des Marxismus organisierten sich in der **Sozialdemokratischen Arbeiterpartei Russlands,** die aufgrund der politischen Verfolgung durch das Zarenregime weitgehend im Ausland arbeiten musste. Noch während eines Kongresses in London kam es zur Spaltung in die Fraktion der gemäßigten **Menschewiki** (Minderheitler) und die der **Bolschewiki** (Mehrheitler), die von WLADIMIR ILJITSCH ULJANOW (LENIN) angeführt wurde. Die Menschewiki wollten in enger Anlehnung an MARX' Lehre auf eine bürgerlich-liberale Revolution hinarbeiten, die das Zarenregime wegfegen sollte. Erst die nachfolgende kapitalistische Entwicklung würde zur sozialistischen Revolution führen. Die Bolschewiki waren hingegen überzeugt, mithilfe einer das Proletariat anführenden Elitepartei sei eine sozialistische Revolution schon zum gegenwärtigen Zeitpunkt durchführbar.

1903

Aus den Kreisen der radikalen Intelligentsia ging die **Partei der russischen Sozialrevolutionäre** hervor, die marxistische Gedanken mit den Ideen der Narodniki verband und auch das Mittel des Terrors einsetzte.

In seiner Schrift »Was tun?« (1902) befand LENIN, dass die Arbeiterschaft aus sich heraus kein revolutionäres Klassenbewusstsein entwickeln, sondern allenfalls zu einem gewerkschaftlichen Bewusstsein vordringen könne. Das richtige Klassenbewusstsein müsse dem Proletariat daher von einer »intellektuellen Elite« vermittelt werden. Man benötige also eine Partei von **Berufsrevolutionären (Kaderpartei),** die zentralistisch aufgebaut sein müsse, konspirativ arbeite, die Massen führe, aber nicht mit ihnen verschmelzen solle. Diese »Partei neuen Typs« solle als »Avantgarde der Arbeiterklasse« dienen und so auf revolutionärem Wege die »Diktatur des Proletariats« herbeiführen.

1905 Als vor dem Winterpalais in Sankt Petersburg eine friedliche Demons-
22. 1. tration vom Militär zusammengeschossen wurde (sog. **Blutiger Sonntag**), kam es zu revolutionären Unruhen. Zar Nikolaus II. musste eine
30. 10. Verfassung **(»Oktobermanifest«)** erlassen, die ein **Grundgesetz mit den bürgerlichen Freiheitsrechten** und ein durch allgemeines Wahlrecht gewähltes Parlament **(Duma)** zugestand.

Die Oktoberrevolution

1917 Im Ersten Weltkrieg kam es zu erneuten revolutionären Unruhen. Die Kriegsmüdigkeit der Soldaten, die Unzufriedenheit von Fabrikarbeitern und Bauern mit ihrer Lage sowie die allgemeine schlechte Versorgungslage führten ab dem dritten Kriegsjahr zu Massenstreiks und Aufständen, gegen die das Militär zunächst hart vorging. Mit der Meuterei der
12. 3. Militärgarnison von Sankt Petersburg kam es zur sog. **Februarrevo-**
nach russ. Kalender: 27. 2. **lution.** In Sankt Petersburg formierte sich ein Sowjet mit Soldaten- und Arbeitervertretern. Da die Duma zugleich einen bürgerlichen **Provisorischen Ausschuss** einsetzte, entstand eine **Doppelherrschaft von**
15. 3. **Sowjets und Provisorischer Regierung. Zar Nikolaus II. trat zurück,** die Zarenfamilie verzichtete auf den Thron.

Die Provisorische Regierung, die das wohlhabende Bürgertum und liberale Adlige repräsentierte, wollte den Krieg an der Seite der Alliierten weiterführen und alle sozialen und wirtschaftlichen Veränderungen erst nach dem Friedensschluss und der Wahl einer Verfassunggebenden Versammlung durchführen. Sie konnte sich jedoch gegen die überall im Land gebildeten Sowjets nicht durchsetzen und keine funktionierende Ordnung aufbauen.

Lenin, der mit deutscher Hilfe aus dem Schweizer Exil nach Russland zurückgekehrt war, lehnte jede Zusammenarbeit mit der bürgerlichen
17. 4. Provisorischen Regierung ab und formulierte in seinen **Aprilthesen** die Forderungen der Bolschewiki, die allerdings zu dieser Zeit in den Sowjets noch in der Minderheit waren:

- Keine parlamentarische Republik, sondern eine Republik der Sowjets, d.h. der Arbeiter und Soldatenräte (»Alle Macht den Sowjets!«),
- Keinerlei Zugeständnisse an die »Vaterlandsverteidigung«, da der Krieg ein räuberischer und imperialistischer Krieg ist,
- Enteignung des Grundbesitzes und Nationalisierung von Grund und Boden,
- Kontrolle der gesellschaftlichen Produktion und Verteilung durch die Arbeitersowjets,
- Abschaffung von Polizei, Armee und Beamtenschaft.

Ganz im Gegensatz zu diesen Forderungen der Bolschewiki traten Mitglieder der Menschewiki und der Sozialrevolutionäre zeitweise in die Provisorische Regierung ein. Diese erklärte **Russland** unter Ministerpräsident ALEXANDR KERENSKI zur **Republik.** Als die Bolschewiki im Spätsommer die absolute Mehrheit im Petersburger Sowjet erlangten, traf das als Befehlszentrale eingesetzte Revolutionäre Militärkomitee des Petrograder Sowjets unter der Führung TROTZKIS die Aufstandsvorbereitungen. Truppen des Komitees und Arbeitermilizen stürmten daraufhin in der **Oktoberrevolution** das Winterpalais in Sankt Petersburg, die als »Instrument der Gegenrevolution« bezeichnete **Provisorische Regierung** wurde **verhaftet.**

14.9.

7./8.11. nach russ. Kalender 25./26.10.

Der 2. Allrussische Sowjetkongress, aus dem nun die Menschewiki und einige Sozialrevolutionäre austraten, billigte das von LENIN vorgelegte **»Dekret über den Frieden«** und das **»Dekret über Grund und Boden«,** das die entschädigungslose Enteignung des Großgrundbesitzes anordnete. Zugleich wurde eine »Provisorische Arbeiter- und Bauernregierung«, der **Rat der Volkskommissare** unter dem Vorsitz LENINS geschaffen.

8.11.

8.11.

Bei den **Wahlen zur Verfassunggebenden Versammlung** erhielten die Bolschewiki nur rund 25% der Stimmen. Als diese Verfassunggebende Versammlung sich bei ihrer ersten Zusammenkunft weigerte, die »Sowjetmacht« vorbehaltlos anzuerkennen und die meisten Dekrete widerrief, wurde sie **durch den Rat der Volkskommissare** mithilfe der Roten Garden **aufgelöst.** Die Verabschiedung der **Verfassung der »Russischen Sozialistischen Föderativen Sowjetrepublik« (RSFSR)** vollendete die bolschewistische Machtergreifung.

8.12.

1918

19.1.

10.7.

Lenins Friedenskonzeption

In dem erwähnten »Dekret über den Frieden« hatte LENIN vor dem 2. Allrussischen Sowjetkongress seine Vorstellungen zur Beendigung des Weltkriegs vorgetragen: Der künftige Frieden sei nur durch die Beseitigung der kapitalistischen Gesellschaftsordnung und der Einführung des Sozialismus zu erreichen. Mit der Beseitigung der kapitalistischen Gesellschaft falle die Ursache der Kriege zwischen den Staaten weg, die durch das Streben der kapitalistischen Wirtschaftskreise nach Machtausdehnung, Rohstofflieferanten und Absatzmärkten entstünden. Nach marxistischer Lesart war der Erste Weltkrieg und der mit ihm einhergehende aggressive Nationalismus zudem nur ein Ablenkungsmittel der herrschenden Klassen, um eine Solidarisierung der Arbeiter der verschiedenen Staaten miteinander und ihre revolutionäre Erhebung gegen das bürgerlich-kapitalistische System zu verhindern: »Imperialismus und Krieg – oder Sozialismus und Frieden – kein Drittes
1918 gibts«, so formulierte der deutsche Sozialistenführer KARL LIEBKNECHT diese Sicht. Konsequenterweise beugte sich deshalb die neue kommu-
3.3. nistische Regierung im **Frieden von Brest-Litowsk** den Forderungen der Mittelmächte und schied damit aus dem Krieg aus.

LENIN begriff die russische Revolution als Initialzündung für die sozialistische Weltrevolution, die sich nun in die Staaten West- und Mitteleuropas ausbreiten und dadurch den Krieg insgesamt beenden sollte. Er wandte sich deshalb mit seiner Friedenskonzeption direkt an die Arbeiter dieser Staaten. Das kommunistische Friedenskonzept bot damit eine Alternative zu den liberalen westlichen Friedensvorstellungen, die zeitgleich der amerikanische Präsident WILSON vertrat. Dass beide Konzeptionen Frieden ohne Annexionen und mit einem Selbstbestimmungsrecht der Völker wollten, ändert an dem fundamentalen Gegensatz zwischen ihnen nichts.

9.2 Von der Kolonie zur führenden Industrienation: Die USA bis 1918

Die Entstehung der Vereinigten Staaten von Amerika

Das politische Selbstverständnis der USA, das die Vereinigten Staaten 1917 zum Eintritt in den Ersten Weltkrieg motivierte und in der Friedenskonzeption des amerikanischen Präsidenten WILSON zum Ausdruck kam, war entscheidend geprägt durch die Vorstellungen, die eineinhalb Jahrhunderte zuvor im Unabhängigkeitskampf der damaligen britischen Kolonie gegen das Mutterland entwickelt worden waren. 1775 bis 1783

Auslöser für den Unabhängigkeitskampf war die Erhebung von Zöllen und Steuerforderungen gegenüber den Kolonisten. Da diese aber zugleich nicht im englischen Parlament vertreten waren, richteten sie an das Mutterland die Forderung: »no taxation without representation«. Nach bewaffneten Zusammenstößen von Kolonisten mit britischen Truppen und Protestaktionen der Siedler verschärfte sich der Konflikt zum **Amerikanischen Unabhängigkeitskrieg.**

1776

Mitten im Unabhängigkeitskrieg verabschiedeten die Delegierten der britischen Kolonien Nordamerikas bei ihrem Zweiten Kontinentalkongress die **Unabhängigkeitserklärung der 13 Vereinigten Staaten.** Vor dem Hintergrund der naturrechtlichen Auffassungen der Aufklärung, der Vorstellung von der naturgegebenen Freiheit und Gleichheit der Menschen wurden in ihr folgende Prinzipien niedergelegt: 4. 7.

- Grundlage jedes menschlichen und staatlichen Zusammenlebens ist die Beachtung der zentralen Menschenrechte, des Rechts auf Leben, Freiheit und Glück (»pursuit of happiness«). Zweck der staatlichen Macht ist die Sicherung dieser Menschenrechte.
- Aufgrund des Prinzips der Volkssouveränität erfolgt die Einsetzung der Regierungen durch die Regierten.
- Wenn die Sicherung der zentralen Menschenrechte nicht gewährleistet ist, besteht für die Regierten ein Widerstandsrecht, das auch die Absetzung der Regierung umfasst.
- Da die britische Monarchie fortwährend gegen diese Prinzipien verstößt, ist die Loslösung vom Mutterland ein legitimer Akt.

1783

Die mit französischer Hilfe errungenen militärischen Erfolge der Amerikaner zwangen das britische Mutterland schließlich, im **Frieden von Paris** die **Unabhängigkeit der Vereinigten Staaten** anzuerkennen. 3. 9.

1787

Die von einem Verfassungskonvent in Philadelphia ausgearbeitete **amerikanische Verfassung** war das erste demokratische Grundgesetz der Moderne. Sie schuf einen republikanischen Staat, in dem neben dem Prinzip der **Volkssouveränität** auch das in Anlehnung an MONTESQUIEU entworfene Prinzip der **Gewaltenteilung** trat. Dieses legte ein System der gegenseitigen Kontrolle (»checks and balances«) der Verfassungsorgane Legislative (Parlament), Exekutive (Regierung) und 17. 9.

Judikative (oberster Gerichtshof) fest. Die bereits in der Unabhängigkeitserklärung genannten Grundrechte wurden danach nochmals in
1789/1791 den ersten zehn Ergänzungsartikeln zur Verfassung **(Bill of Rights)** festgeschrieben.

Die Monroedoktrin

1823 Die von dem amerikanischen Präsidenten JAMES MONROE verkündete **Monroedoktrin** setzte die in der Unabhängigkeitserklärung und der Verfassung der USA zum Ausdruck kommenden Prinzipien in die Außenpolitik um. In ihr wurde erklärt, dass der gesamte amerikanische Doppelkontinent nicht mehr zum Ziel etwaiger europäischer Rekolonisationsbestrebungen werden dürfe, dass das politische System Amerikas von dem Europas grundsätzlich verschieden sei und deswegen alle Versuche, dort wieder dem monarchischen Prinzip Geltung zu verschaffen, zu verhindern seien und dass sich die USA nicht in europäische Kriege einmischen würden. Mit der Ausdehnung der Prinzipien der Monroedoktrin auf den gesamten amerikanischen Kontinent erklärten die USA jedoch die süd- und mittelamerikanischen Staaten zu ihrem direkten Einflussgebiet.

Sezessionskrieg, Industrialisierung und Imperialismus

Der Konflikt zwischen den wirtschaftlich und sozial unterschiedlich strukturierten nördlichen und südlichen Bundesstaaten der USA konkretisierte sich ab Mitte des 19. Jh. in der unterschiedlichen Haltung
1861 gegenüber der Sklaverei: Nach der Wahl des Republikaners ABRAHAM LINCOLN zum Präsidenten **erklärten elf Südstaaten** wegen der zuneh-
seit Febr. mend sklavereifeindlichen Haltung des Nordens **ihren Austritt aus den USA** und schlossen sich zu den **Konföderierten Staaten von Amerika**
1861 bis 1865 zusammen. Im darauf folgenden amerikanischen **Sezessionskrieg** konnten sich die Nordstaaten (die »Union«) aufgrund ihres Übergewichts an (Rüstungs-)Industrie, finanziellen Reserven und Bevölkerungszahl durchsetzen, wodurch die Einheit der USA gewahrt blieb.
1865 Die Folge war nicht nur die **Abschaffung der Sklaverei,** sondern auch die unter der Führung des Nordens beginnende Entwicklung der USA zum führenden Industriestaat. 1890 erzeugte Großbritannien 22%, Deutschland 14%, die USA bereits 31% der Weltindustrieproduktion.

Diese ungeheure wirtschaftliche Dynamik in Verbindung mit den liberalen Verfassungsprinzipen ließen die USA zu Vertretern des Freihandelsprinzips werden. Sie führte aber auch zu einer weltweiten machtpolitischen Expansion der USA. Dabei war die amerikanische Außenpolitik jedoch vielfach durch eine informelle, auf ihrer Wirtschaftskraft beruhende Herrschaftstechnik gekennzeichnet.

Zu Beginn des 20. Jh. **erweiterten die USA** unter Präsident THEODORE ROOSEVELT **die Monroedoktrin:** Sie nahmen nun das Recht für sich in Anspruch, die Vorherrschaft über ihre Einflusssphäre auf dem gesamten amerikanischen Kontinent auch durch direkte militärische Einmischung aufrechtzuerhalten. Darauf folgten Interventionen in zahlreichen lateinamerikanischen Staaten. 1904

Der Eintritt der USA in den Ersten Weltkrieg

Zu Beginn des Ersten Weltkriegs hatten die USA im Sinne der Monroedoktrin noch ihre Neutralität erklärt. Dass sich die Vereinigten Staaten in der folgenden Zeit immer stärker den Alliierten anschlossen, war zum einen durch die engeren kulturellen und wirtschaftlichen Bindungen an Großbritannien und Frankreich und zum anderen durch die demokratische Regierungsform der westeuropäischen Staaten bedingt. Diese entsprachen den amerikanischen politischen Grundprinzipien, während das kaiserliche Deutschland als veraltetes, autokratisches Regime erschien. Eine große Rolle spielten auch wirtschaftliche Interessen: Bei einem Sieg der westlich-demokratischen Mächte glaubte man die amerikanischen Freihandelsprinzipien und damit die Offenheit des europäischen Marktes für den amerikanischen Export eher gewahrt als bei einer Vorherrschaft der Mittelmächte. 1917

Unmittelbarer Anlass des **Eintritts in den Krieg** an der Seite der Entente 6.4. war aber das in Amerika kritisierte völkerrechtswidrige Verhalten des Kaiserreichs, von der Verletzung der Neutralität Belgiens bis hin zum uneingeschränkten U-Boot-Krieg.

Das Friedenskonzept des amerikanischen Präsidenten Wilson

1918

Bedeutsam für das Ende des Krieges wurde der Friedensplan des amerikanischen Präsidenten WOODROW WILSON **(»Vierzehn Punkte«).** Dem 8.1.

Plan lag die Vorstellung zugrunde, dass eine dauerhafte Sicherung des Weltfriedens nur mit demokratischen Staaten zu verwirklichen sei, weil diese aufgrund der demokratischen Kontrolle ihrer Regierungen von Natur aus friedliebend seien. Nach ihrem Selbstverständnis kämpften die USA im Ersten Weltkrieg deshalb nicht nur für ihre machtpolitischen und wirtschaftlichen Interessen, sondern für die globale Durchsetzung des **demokratischen Prinzips** und damit zugleich für die Sicherung des Weltfriedens. Auch die von den USA vertretene **Freihandelspolitik** diente demnach nicht nur dem eigenen Wirtschaftsinteresse, sondern half den Weltfrieden zu gewährleisten, weil mit dem Freihandel letztlich der Wohlstand aller Nationen gemehrt und die wirtschaftlichen Verflechtungen zwischen den Staaten gefördert würden.

Vor dem Hintergrund dieser Weltanschauung schlug WILSONS 14-Punkte-Programm unter anderem die Errichtung eines **Völkerbundes,** das heißt eines »Systems kollektiver zwischenstaatlicher Sicherheit«, als Garanten der künftigen internationalen Ordnung vor. Rüstungsbeschränkungen sollten ein nochmaliges Wettrüsten wie vor dem Ersten Weltkrieg verhindern. Die Öffentlichkeit aller internationalen Vereinbarungen, also das **Ende der Geheimdiplomatie,** sollte das besonders bei den monarchischen Mittelmächten gegebene, demokratisch nicht kontrollierte außenpolitische Handeln der Regierungen unmöglich machen. Mit der ebenfalls geforderten **Freiheit der Meere und des Welthandels** wollten die USA das liberale Wirtschaftsmodell auch auf internationaler Ebene durchsetzten.

Von besonderer Bedeutung war schließlich die Forderung nach Gewährung des **Selbstbestimmungsrechts der Nationen.** Dieser Punkt richtete sich vor allem gegen die Vielvölkerstaaten Österreich-Ungarn und Osmanisches Reich, betraf aber auch die nationalen Minderheiten des Kaiserreichs. Gerade diese Forderung, die eigentlich konfliktverhindernd wirken sollte, führte aber später in Gebieten mit einer ethnisch gemischten Bevölkerung zu großen Problemen, weil es nicht gelang, die staatlichen Grenzen den ethnischen Konflikten ohne die Entstehung weiterer Konflikte anzupassen.

Die 14 Punkte WILSONS gingen zum Teil in die Friedensvereinbarungen zwischen den Mittelmächten und den Alliierten ein, mit denen der Erste Weltkrieg beendet wurde.

9.3 Klausur mit Lösung

Von Karl Liebknecht im April 1918 verfasst; er war führendes Mitglied des Spartakusbundes und Mitbegründer der KPD. 1919 wurde er von Freikorpssoldaten verhaftet und ermordet.

»Was ist der Inhalt der Gegensätze, die bisher zum Kriege trieben und immer wieder treiben werden, solange sie bestehen? Die kapitalistische Weltkonkurrenz zwischen den verschiedenen staatlich zusammengefassten Interessengruppen, zwischen den verschiedenen imperialistischen Systemen um die Reichtümer (Rohstoffe, Arbeitskräfte, Absatzmärkte, Anlagegebiete) der Erde. Also heben wir diese kapitalistische Konkurrenz auf, machen wir die Reichtümer der Erde zu einer gemeinsamen Angelegenheit der ganzen Menschheit! Ersetzen wir die kapitalistische Gesellschaft, die die Menschheit in Klassen und sich zerfleischende Räuberhorden auseinander reißt, durch die sozialistische Gesellschaft, die die Menschheit versöhnt und zusammenschließt!

Diese Internationale der Zukunft, die triumphierende, zu schaffen ist Aufgabe der Internationale der Gegenwart, der kämpfenden Internationale.

Das Mittel dazu ist die soziale Revolution, die allein nicht nur jetzt den Frieden bereiten, sondern auch die künftigen Kriegsursachen ausrotten kann. Wer das Ziel will, muss das Mittel wollen. Imperialismus und Krieg – oder Sozialismus und Frieden – kein Drittes gibt's.«

(zitiert nach: Gottfried Niedhard, Internationale Beziehungen im 19. und 20. Jahrhundert, Düsseldorf 1978, S. 142 f.)

Aufgabe

Fassen Sie Liebknechts Aussagen zusammen und problematisieren Sie diese im Lichte der Ihnen bekannten unterschiedlichen Friedenskonzeptionen.

Lösungsvorschlag

Liebknecht fasst pointiert die sozialistische Friedenskonzeption, wie sie auch Lenin 1917 in seinem Dekret über den Frieden vertreten hatte, zusammen: Ursache der Kriege im Allgemeinen und speziell des Ersten Weltkriegs ist der marxistischen Ansicht nach die Konkurrenz der kapitalistischen Staaten um Rohstofflieferanten und Absatzmärkte. Diese Raubgier der Staaten werde hervorgerufen durch die kapitalistische, auf der Ausbeutung der Arbeiter beruhende Gesellschaftsordnung, die »die Menschheit in Klassen (...) auseinander reißt.« Die nationalistische Stimmung, die der Krieg erzeuge, diene ferner der Ablenkung der Arbeiter von den wirklichen Problemen und ihren wirklichen Feinden, den bürgerlichen Kapitalisten. So verlängere der Krieg das durch Krisen und Klassenspannungen gezeichnete kapitalistische System und verhindere die revolutionäre Erhebung des Proletariats. Der dauerhafte Weltfrieden ist also im Umkehrschluss nur durch die Solidarisierung der Arbeiterklassen aller Länder miteinander, die Beseitigung des kapitalistischen Systems und schließlich die Einführung des Sozialismus zu erreichen: »Imperialismus und Krieg – oder Sozialismus und Frieden – kein Drittes gibts.«

LIEBKNECHTS Friedensvorstellungen stehen vor allem in Kontrast zu dem liberalistischen Friedensmodell, wie es der amerikanische Präsident WILSON in seinen 14 Punkten vertrat. Dort sollte der Weltfrieden durch die globale Durchsetzung liberaler und bürgerlich-demokratischer Prinzipien erreicht werden. Die 14 Punkte betonten deshalb den Freihandel, der die Staaten wirtschaftlich enger verbinden und langfristig weltweit wohlfahrtsstiftend wirken würde. Die Einführung parlamentarischer Demokratien in allen Staaten sollte über die dann mögliche Kontrolle des außenpolitischen Handelns der Regierungen Kriege verhindern.

Während also das von LIEBKNECHT und LENIN vertretene sozialistische Friedensmodell einen völligen Umsturz der gesellschaftlichen und politischen Ordnung der bürgerlich-kapitalistischen Staaten forderte, sahen WILSONS 14 Punkte genau umgekehrt die endgültige Durchsetzung dieses liberaldemokratischen und kapitalistischen Modells als Garant der Friedenssicherung an. Damit wird die Existenz dieser beiden sich diametral gegenüberstehenden ideologischen Modelle selbst zur Ursache neuer Auseinandersetzungen. Es ist daher kein Zufall, dass Großbritannien, Frankreich und die USA die nicht kommunistischen Kräfte im russischen Bürgerkrieg unterstützten, während die Sowjetunion zur Durchsetzung der »Idee der Weltrevolution« auf die Unterstützung der sozialistischen Bewegungen in den westlichen Staaten setzte, was wiederum von den westlichen Staaten als Bedrohung empfunden wurde.